Steiner/Mittländer/Fischer (Hrsg.)

Betriebsratssitzung und Beschlussfassung

Grundwissen für neue Betriebsratsmitglieder

Band 2

AUF DEN PUNKT

In der Reihe *Auf den Punkt* erscheinen 8 Bände mit
Grundwissen für neue Betriebsratsmitglieder:

Band 1 Mitbestimmung
Band 2 Betriebsratssitzung und Beschlussfassung
Band 3 Betriebsversammlung
Band 4 Rechte und Pflichten als Betriebsratsmitglied
Band 5 Einigungsstelle und Arbeitsgericht
Band 6 Einführung in das Arbeitsrecht
Band 7 Betriebsvereinbarung
Band 8 Das Einmaleins der Betriebswirtschaft

Mit Online-Quiz unter
www.bund-verlag.de/Einsteiger-Quiz

Außerdem sind in der Reihe *Auf den Punkt* erschienen:

Michael Bachner (Hrsg.): BetrVG für den Betriebsrat
Christopher Koll/Maike Koll: Lexikon für den Betriebsrat

Steiner/Mittländer/Fischer (Hrsg.)

Betriebsratssitzung und Beschlussfassung

Grundwissen für neue Betriebsrats-mitglieder

Band 2

Autorin: Erika Fischer

4., aktualisierte und überarbeitete Auflage

BUND
VERLAG

Bibliografische Informationen der Deutschen Nationalbibliothek
Die Deutsche Nationalbibliothek verzeichnet diese Publikation in der Deutschen Nationalbibliografie; detaillierte bibliografische Daten sind im Internet über *http://dnb.d-nb.de* abrufbar.

4., aktualisierte und überarbeitete Auflage 2026

Umschlag: felixschramm Visuelle Kommunikation, Bochum
Satz: Dörlemann Satz, Lemförde
Druck: CPI books GmbH, Birkstraße 10, 25917 Leck

ISBN 978-3-7663-7592-6

kontakt@bund-verlag.de
www.bund-verlag.de

Inhaltsverzeichnis

Abkürzungsverzeichnis

Abs.	Absatz
ArbZG	Arbeitszeitgesetz
BAG	Bundesarbeitsgericht
BetrVG	Betriebsverfassungsgesetz
BGB	Bürgerliches Gesetzbuch
ff.	fortfolgende
gem.	gemäß
ggf.	gegebenenfalls
Hrsg.	Herausgeber
i. S. d.	im Sinne des
i. V. m.	in Verbindung mit
JAV	Jugend- und Auszubildendenvertretung
KSchG	Kündigungsschutzgesetz
LAG	Landesarbeitsgericht
Nr.	Nummer
SBV	Schwerbehindertenvertretung
usw.	und so weiter
z. B.	zum Beispiel

I. Einführung

Entscheidungen des Betriebsrats können nur auf Betriebsratssitzungen durch ordnungsgemäße Beschlussfassung herbeigeführt werden. Deshalb ist es auch immer mit etwas zeitlichen Vorlauf verbunden, wenn der Betriebsrat als Gremium eine Entscheidung treffen will.
Auch wenn Arbeitgeber gern einmal eine schnelle, spontane Antwort vom Betriebsrat einfordern, ist dies gar nicht möglich, weil zunächst eine Mehrheitsentscheidung aller Betriebsratsmitglieder herbeigeführt werden muss. Wenn sich ein Betriebsratsmitglied zu einer schnellen Entscheidung hinreißen lässt, muss es immer dazu sagen, dass es sich hierbei nicht um eine Entscheidung des Betriebsrats handelt, sondern es nur die eigene Meinung wiedergibt.
Mit der Kundgabe der eigenen Meinung sollte man aber gegenüber dem Arbeitgeber vorsichtig sein, damit dieser nicht die Möglichkeit hat, einzelne Betriebsratsmitglieder gegeneinander auszuspielen. Oft bedarf es auch tatsächlich einer kontroversen Diskussion im Betriebsrat, damit man wirklich alle Aspekte des Handelns beleuchtet hat und man sich eine fundierte Meinung bilden kann.
Damit Entscheidungen auch vor Gericht standhalten, müssen viele Formvorschriften eingehalten werden. Davon kann man – zu Recht – manchmal genervt sein. Allerdings weiß man nie, wie viele Jahre später man die ordnungsgemäße Beschlussfassung des Betriebsrats nachweisen muss. Es gab schon Fälle, in denen Betriebsvereinbarungen über viele Jahre vereinbarungsgemäß durchgeführt wurden. Dann gab es plötzlich einen Wechsel in der Führung und die Arbeitgeberseite hat die Betriebsvereinbarung nicht eingehalten. Ein vom Betriebsrat eingeleitetes Gerichtsverfahren scheiterte, weil der Betriebsrat nicht nachweisen konnte, dass dem Abschluss der Betriebsvereinbarung ein ordnungsgemäßer Beschluss des Betriebsrats zugrunde lag.

Da man nie weiß, wie lange es gut geht, heißt es vorzubeugen und von Anfang an darauf zu achten, ordnungsgemäße Beschlüsse zu fassen. **!**

II. Betriebsratssitzung

Der Betriebsrat ist nur als Gremium durch seine Beschlüsse **handlungsfähig**. Sowohl bei der Einladung zu den Sitzungen als auch bei der Beschlussfassung sind bestimmte Formalitäten einzuhalten. Geschieht dies nicht, sind die Beschlüsse unwirksam und der Betriebsrat ist handlungsunfähig. Deshalb ist es wichtig, sich mit diesen Formalitäten zu befassen.

1. Konstituierende Sitzung

Das Wahlergebnis steht fest, aber noch ist das Gremium nicht arbeitsfähig.

Begriffserklärung:
Die erste Sitzung nach der Wahl nennt sich konstituierende Sitzung.

Muster für die Einladung auf Seite 69

Ohne konstituierende Sitzung bleibt unklar, wer berechtigt ist, für den Betriebsrat zu sprechen. In der Zeit vor der konstituierenden Sitzung sind Beschlüsse des Gremiums unverbindliche Meinungsäußerungen. Deshalb ist die konstituierende Sitzung wichtig.

Wahlleiter

Zu dieser Sitzung lädt der Wahlvorstand vor Ablauf von einer Woche nach dem Wahltag gemäß § 29 Betriebsverfassungsgesetz (BetrVG) ein. Obwohl der **Wahlvorstand** einlädt, hat nur der Vorsitzende[1] des Wahlvorstands ein Teilnahmerecht. Der Wahlvorstandsvorsitzende leitet die Sitzung, bis aus dem Kreis der gewählten Betriebsratsmitglieder ein Wahlleiter bestellt wurde. Gewählt ist der Kandidat, der von den Betriebs-

1 Sofern im nachfolgenden Text Personen oder Funktionen genannt werden, sind hiermit immer gleichberechtigt die Vertreter der Geschlechter (m/w/divers) gemeint. Der Verzicht auf eine jeweilige geschlechtsspezifische Bezeichnung dient lediglich redaktionellen Gründen und beinhaltet keine wertende Tendenz.

ratsmitgliedern die meisten Stimmen erhält. Danach verlässt der Wahlvorstandsvorsitzende die Sitzung und der Wahlleiter übernimmt.

Hinweis:
Ist der Wahlvorstandsvorsitzende selbst Mitglied des Betriebsrats, gilt das selbstverständlich nicht. Dann bleibt er in der Sitzung anwesend.

Hinzuziehung eines Gewerkschaftsvertreters

Auch an der konstituierenden Sitzung des Betriebsrats kann ein Gewerkschaftssekretär teilnehmen, wenn dies von einem Viertel der Mitglieder des Betriebsrats gewünscht wird.

Wahl des Betriebsratsvorsitzenden

Nach der Wahl übernimmt der Wahlleiter die weitere Leitung der Sitzung. Er führt die Wahl des Betriebsratsvorsitzenden und des stellvertretenden Vorsitzenden durch. Danach übernimmt der neu gewählte Vorsitzende des Betriebsrats die Leitung der Sitzung und der Betriebsrat ist konstituiert.

Wahl des Betriebsausschusses

Bei einem mindestens neunköpfigen Betriebsrat ist darüber hinaus ein Betriebsausschuss zu wählen (§ 27 BetrVG). Dieser besteht aus dem Vorsitzenden, dessen Stellvertreter und drei weiteren Mitgliedern; bei größeren Gremien mehr.

Weitere Wahlen

Der Betriebsrat kann jetzt beschließen, weitere Wahlen durchzuführen. Dazu ist zunächst die Tagesordnung zu erweitern, falls der Wahlvorstand diese Punkte nicht schon auf die Tagesordnung gesetzt hat. Sinnvoll ist es, einen Schriftführer zu wählen und wenn es andere Gremien gibt, in die Mitglieder zu entsenden sind, auch diese. Es kann aber auch hilfreich sein, die weiteren Wahlen von Ausschussmitgliedern oder die Entsendung in andere Gremien auf eine der nächsten Betriebsratssitzungen zu verschieben. Dann hat jeder die Möglichkeit, sich eigene Gedanken zu machen, wie er sich einbringen kann und will. Sinnvoll ist es, einen Plan zu machen, welche weiteren Ausschüsse und Gremien zu besetzen sind und jeder kann sich bis zur nächsten Sitzung überlegen, wofür er kandidieren will.

Beispiele:
Zu den weiteren Gremien zählen Mitglieder in den Gesamtbetriebsrat, Konzernbetriebsrat und in den Wirtschaftsausschuss.

Für die Durchführung der Wahlen gibt es keine Formvorschriften. Das heißt, der Betriebsrat kann die Wahl durch einfaches Handheben durchführen. Wenn aber mehrheitlich eine geheime Wahl gewünscht wird, ist die Wahl mit Stimmzetteln durchzuführen.

Die konstituierende Sitzung des Betriebsrats muss auf jeden Fall als Präsenzsitzung stattfinden.

Sollte eine geheime Wahl gefordert werden, sind die technischen Möglichkeiten in den meisten Betriebsräten nicht vorhanden, um die geheime Abstimmung zu gewährleisten. Darüber hinaus hat das Landesarbeitsgericht Berlin-Brandenburg zu der bis zum 30. 6. 2021 befristet bestehenden Regelung in § 129 BetrVG entschieden, dass dieser auf Wahlen des Betriebsrats keine Anwendung findet.[2]

2. Sitzungen des Betriebsrats

a. Einladung zu den weiteren Sitzungen

Einladung zur Sitzung

Zu allen weiteren Sitzungen des Betriebsrats lädt der Vorsitzende ein. Wenn dieser verhindert ist, dessen Stellvertreter.

Checkliste für die Einladung auf Seite 72

Sitzungen sind für alle besser planbar, wenn sie langfristig festgelegt werden. Dennoch kann es erforderlich sein, auch kurzfristig Sitzungen einzuberufen.

> **Beispiel:**
> Eile ist geboten, wenn der Betriebsratsvorsitzende eine Anhörung zu einer beabsichtigten außerordentlichen Kündigung erhalten hat. In einem solchen Fall hat der Betriebsrat nur 3 Tage Zeit, um Bedenken zu äußern. Also muss er, wenn nicht zufällig in diesem Zeitraum eine Sitzung geplant ist, zu einer zusätzlichen Sitzung einladen.

Bei den Einladungen zu den Sitzungen muss der Vorsitzende festlegen, ob die Sitzung als Präsenzsitzung oder in Form einer Video- oder Telefonkonferenz stattfinden soll.

b. Vorrang der Präsenzsitzung

Der Betriebsratsvorsitzende muss bei der Einladung berücksichtigen, dass in § 30 Abs. 1 BetrVG geregelt ist, dass Präsenzsitzungen Vorrang vor Video- und Telefonkonferenzen haben.

2 LAG Berlin-Brandenburg 24. 8. 2020 – 12 TaBVGa 1015/20.

Präsenzsitzung

Begriffserklärung:
Präsenzsitzung bedeutet, dass sich die Betriebsratsmitglieder in einer Sitzung treffen, bei der die Mitglieder persönlich anwesend sind.

Von dem Vorrang einer Präsenzsitzung kann nur abgewichen werden, wenn alle in § 30 Abs. 2 BetrVG genannten Voraussetzungen erfüllt sind. Diese sind:

- Regelungen in der Geschäftsordnung für die Durchführung von Video- und Telefonkonferenzen (siehe Seite 56)
- Kein Widerspruch von mindestens einem Viertel der Betriebsratsmitglieder (siehe Seite 33)
- Wahrung der Nichtöffentlichkeit (siehe Seite 28f.)

Muster-Geschäftsordnung auf Seite 83ff.

Der Arbeitgeber hat kein Recht, Video- und Telefonkonferenzen zu fordern. Der Betriebsrat entscheidet!

c. Video- und Telefonkonferenz

Liegen die Voraussetzungen für Video- und Telefonkonferenzen vor, muss bei Beginn der Sitzungen die Anwesenheit festgestellt und auf die Nichtöffentlichkeit der Sitzungen hingewiesen werden. Der Betriebsratsvorsitzende, der auch die Betriebsratssitzungen mittels Video- und Telefonkonferenz leitet, sollte den Grundsatz der Nichtöffentlichkeit bei Beginn der Sitzung ansprechen.

Hinweis:
Bei einer Präsenzsitzung lässt sich die Nichtöffentlichkeit leicht überprüfen. Dies ist bei einer Video- und Telefonkonferenz nicht der Fall. Deshalb sollte dies regelmäßig vor Beginn der Sitzung angesprochen werden.

Alle Betriebsratsmitglieder müssen darauf achten, dass nicht unbefugte Dritte im Raum sind, die von dem Inhalt der Betriebsratssitzung Kenntnis nehmen können. Kommt es zu einer Situation, in der die Nichtöffentlichkeit nicht mehr gewahrt ist, muss das Betriebsratsmitglied dies offen ansprechen, die Sitzung ist zu unterbrechen, bis die Nichtöffentlich wieder hergestellt ist.

Hybride Sitzung

Hinweis:
Auch bei der Durchführung einer Betriebsratssitzung als Video- und Telefonkonferenz dürfen Betriebsratsmitglieder in Präsenz teilnehmen. Dies stellt § 30 Abs. 3 BetrVG ausdrücklich klar. Die Teilnahme in Form der Präsenzsitzung ist ebenfalls erforderliche Betriebsratsarbeit.

Begriffserklärung:
Eine Sitzung, an der Betriebsratsmitglieder sowohl in Präsenz als auch in Form einer Video- und Telefonkonferenz teilnehmen, nennt man **Hybridsitzung.**

3. Zeitpunkt und Anzahl der Sitzungen

Langfristig geplante Sitzungen

Sitzungen des Betriebsrats sollten regelmäßig stattfinden. Wöchentliche Sitzungen haben sich bewährt. Finden diese regelmäßig statt, müssen nicht mehr so viele zusätzliche Sitzungen einberufen werden. Dadurch wird die Betriebsratsarbeit für alle Beteiligten planbarer.

! **Wenn es nicht viele Themen zu besprechen gibt, lieber die Sitzung kurz abhalten, aber dennoch wöchentlich tagen. Wenn notwendig, kann die Sitzung auch den ganzen Tag dauern.**

Zeitpunkt der Sitzung

Der Zeitpunkt der Sitzung sollte so gewählt werden, dass die Sitzung möglichst während der Arbeitszeit aller Betriebsratsmitglieder stattfindet (§ 30 BetrVG). Es ist also Aufgabe des Vorsitzenden, den Zeitpunkt der Sitzungen entsprechend zu wählen. Ist dies nicht möglich, sollte der Arbeitgeber aufgefordert werden, die Arbeit der Betriebsratsmitglieder so zu organisieren, dass diese in der Sitzungszeit liegt. Berücksichtigt der Arbeitgeber die Sitzungstermine nicht, so ist vom Betriebsrat zu überlegen, ob er sein Mitbestimmungsrecht bei der Erstellung von Schichtplänen ausübt und Schichtpläne ablehnt, bei denen die Betriebsratssitzungen nicht berücksichtigt sind.

! **Hierbei sind natürlich bestehende Betriebsvereinbarungen zur Arbeitszeit zu berücksichtigen. Dieses Vorgehen wird also nicht in allen Betrieben möglich sein.**

Ist auch das nicht machbar, können die Betriebsratsmitglieder, die z. B. Nachtschicht haben, diese früher beenden damit sie vor der Betriebsratssitzung noch eine 11-stündige **Ruhezeit** einhalten können.[3] Da es umstritten ist, ob die Zeit der Erbringung von Betriebsratstätigkeit Arbeitszeit i. S. d. § 2 Abs. 1 ArbZG ist, ist nach Auffassung des BAG die Ruhezeit von 11 Stunden nicht zwingend einzuhalten. Die Wertung der Regelung zur Ruhezeit ist aber auf die Betriebsratsarbeit zu übertragen. Deshalb ist ein Betriebsratsmitglied berechtigt, zwischen zwei Nachtschichten die Arbeit in der vorherigen Nachtschicht vor dem Ende der Schicht einzustellen, um ihm eine ununterbrochene Ruhezeit von 11 Stunden zu ermöglichen, in der weder Arbeitsleistung noch Betriebsratstätigkeit erbracht wird.

Beispiel:
Arbeitet ein Betriebsratsmitglied in der Nachtschicht von 22.00 Uhr bis 6.00 Uhr und ist eine Betriebsratssitzung für 12.00 Uhr am nächsten Tag geplant, kann das Betriebsratsmitglied um 01.00 Uhr seine Nachtschicht beenden damit es eine 11-stündige Ruhezeit einhalten kann.

Dem Betriebsratsmitglied ist die Nachtschicht vollständig zu vergüten. Darüber hinaus hat es einen Freizeitausgleichsanspruch nach § 37 Abs. 3 BetrVG für die Zeit der Betriebsratssitzung. **!**

Offengelassen hat das BAG die Frage, ob das Betriebsratsmitglied auch die darauffolgende Nachtschicht früher beenden darf.
Nach richtiger Auffassung dürfte mit der Betriebsratssitzung ein neuer Arbeitstag (von 24 Stunden) beginnen, an dessen Ende sich wiederum eine 11-stündige Ruhezeit anschließt. Hat das Betriebsratsmitglied auch nach der Betriebsratssitzung Nachtschicht und dauert die Betriebsratssitzung nur 3 Stunden und ist um 15.00 Uhr beendet, darf das Betriebsratsmitglied zwar die Nachtschicht um 22.00 Uhr antreten, muss diese aber um 01.00 Uhr wieder beenden. Nur dann ist die 11-stündige Ruhezeit bis 12.00 Uhr eingehalten.

Hinweis:
Den Freizeitausgleichsanspruch, der durch die Teilnahme an der Betriebsratssitzung entstanden ist, kann der Arbeitgeber jedoch bei der nächsten Nachtschicht gewähren, die das Betriebsratsmitglied vorzeitig beendet.

Der Arbeitstag beginnt immer mit Aufnahme der Tätigkeit und endet 24 Stunden später. Dazwischen liegt die Arbeitszeit und die 11 Stunden **!**

3 BAG 18.1.2017 – 7 AZR 224/15.

umfassende Ruhezeit. Abweichungen von der 11 Stunden umfassenden Ruhezeit sind in § 5 ArbZG geregelt und gelten z. B. in Krankenhäusern, Gaststätten und in Verkehrsbetrieben.

> **Hinweis:**
> Ausnahmen von dieser Regelung können sich aus dem auf den Betrieb bzw. das Unternehmen anwendbaren Tarifvertrag ergeben.

4. Information an den Arbeitgeber

Musterschreiben an den Arbeitgeber auf Seite 70

Nach § 30 BetrVG muss der Arbeitgeber vom Zeitpunkt der Sitzung vorher informiert werden. Der Zeitpunkt der langfristig geplanten Betriebsratssitzungen sollte dem Arbeitgeber am besten schon im Voraus für das ganze Jahr mitgeteilt werden. Dann können sich sowohl die Betriebsratsmitglieder als auch der Arbeitgeber darauf einstellen, wann die Betriebsratsmitglieder ihrer beruflichen Tätigkeit nicht nachkommen können. Über den Zeitpunkt einer zusätzlichen Sitzung muss der Arbeitgeber dann kurzfristig informiert werden.

5. Teilnehmer der Betriebsratssitzung

Teil der ordnungsgemäßen Beschlussfassung des Betriebsrats ist, dass die Betriebsratsmitglieder zu den Sitzungen so eingeladen werden, wie es im Gesetz vorgesehen ist. Deshalb sind zunächst die ordentlichen Betriebsratsmitglieder einzuladen und wenn diese verhindert sind, die Ersatzmitglieder.

> **Begriffserklärung:**
> **Ersatzmitglieder** sind nicht gewählte Wahlbewerber, die im Fall des dauerhaften Ausscheidens oder im Fall der vorübergehenden Verhinderung eines Betriebsratsmitglieds in den Betriebsrat nachrücken.

Dazu im Einzelnen:

a. Betriebsratsmitglieder

Ordentliche Betriebsratsmitglieder

Zu Sitzungen des Betriebsrats sind alle ordentlichen Betriebsratsmitglieder einzuladen, es sei denn, sie sind verhindert.

> **Begriffserklärung:**
> **Ordentliche Betriebsratsmitglieder** sind die Mitglieder des Betriebsrats, die nach dem Wahlergebnis feststehen.

b. Verhinderung

Ersatzmitglieder

Wenn die ordentlichen Mitglieder des Betriebsrats verhindert sind, sind Ersatzmitglieder einzuladen. Dies gilt nach § 25 BetrVG, wenn ein Mitglied aus dem Betriebsrat ausscheidet oder wenn ein Betriebsratsmitglied vorübergehend (zeitweilig) verhindert ist. Ob ein Fall der zeitweiligen Verhinderung vorliegt, ist oft schwierig zu beurteilen. Die Rechtsprechung unterscheidet zwischen **tatsächlicher und rechtlicher Verhinderung**.

aa. Dauerhaftes Ausscheiden

> **Begriffserklärung:**
> Ein **dauerhaftes Ausscheiden** liegt vor, wenn ein Betriebsratsmitglied gekündigt hat und deshalb aus dem Betrieb ausscheidet, oder wenn die Mitgliedschaft im Betriebsrat erlischt.

§ 24 BetrVG

Die einzelnen Fälle sind in § 24 BetrVG abschließend geregelt. Diese sind:
- Ablauf der Amtszeit
- Niederlegung des Betriebsratsamts,
- Beendigung des Arbeitsverhältnisses,
- Verlust der Wählbarkeit,
- Ausschluss aus dem Betriebsrat oder Auflösung des Betriebsrats aufgrund einer gerichtlichen Entscheidung,
- gerichtliche Entscheidung über die Feststellung der Nichtwählbarkeit nach Ablauf der in § 19 Abs. 2 BetrVG bezeichneten Frist, es sei denn, der Mangel liegt nicht mehr vor.

> **Begriffserklärung:**
> Eine **abschließende Regelung** liegt vor, wenn es keine weiteren Fälle der dauerhaften Verhinderung gibt.

Beim **Ablauf der Amtszeit** ist auf § 21 BetrVG abzustellen. Der Betriebsrat muss dazu feststellen, wann seine Amtszeit begonnen hat. Das ist entweder mit Bekanntgabe des Wahlergebnisses oder wenn zu diesem Zeitpunkt noch ein Betriebsrat besteht, mit Ablauf der Amtszeit des Vorgängerbetriebsrats. Die Amtszeit beginnt dann am Tag nach dem Ablauf der Amtszeit des Vorgängerbetriebsrats.

> **Hinweis:**
> Die Amtszeit beginnt nicht mit der konstituierenden Sitzung. Dies wird oft irrtümlich angenommen.

Die **Niederlegung des Betriebsratsamts** ist jederzeit formlos möglich. Sie muss aber eindeutig sein. Sie ist entweder gegenüber dem Vorsitzenden oder im Fall seiner Verhinderung gegenüber dem stellvertretenden Vorsitzenden zu erklären. Sie kann auch gegenüber dem gesamten Gremium erklärt werden.
Mit **Beendigung des Arbeitsverhältnisses** erlischt auch die Mitgliedschaft im Betriebsrat. Im Fall einer Eigenkündigung oder eines Aufhebungsvertrags unter Einhaltung der Kündigungsfrist nach Ablauf der Kündigungsfrist.

> **Hinweis:**
> Eine Beendigung des Arbeitsverhältnisses bedarf nach § 623 BGB der Schriftform.

Vorsicht bei Aufhebungsverträgen, da mit einer Sperre von der Agentur für Arbeit gerechnet werden muss.
Die Kündigung eines Betriebsratsmitglieds bedarf – außer im Ausnahmefall des § 15 Abs. 4 und 5 KSchG – der Zustimmung des Betriebsrats oder wenn der Betriebsrat die Zustimmung nicht erteilt hat, der Zustimmung des Arbeitsgerichts. Während des Zustimmungsverfahrens besteht die Mitgliedschaft im Betriebsrat fort. Wird die Zustimmung erteilt, endet das Arbeitsverhältnis mit Zugang der Kündigung oder nach Ablauf der in der Kündigung genannten Frist.
Der **Verlust der Wählbarkeit** führt am gleichen Tag zur Beendigung des Betriebsratsamts. Dieser kommt in Betracht bei:

- Ausscheiden aus der Belegschaft (Versetzung in einen anderen Betrieb)
- Verlust der Arbeitnehmer-Eigenschaft (z. B. bei Beförderung zum leitenden Angestellten)
- Entmündigung, Aberkennung der Wählbarkeit durch Richterspruch

Ein **Ausschluss aus dem Betriebsrat** kann nur durch rechtskräftigen arbeitsgerichtlichen Beschluss gemäß § 23 Abs. 1 BetrVG erfolgen.
Anders als bei dem Verlust der Wählbarkeit bezieht sich die gerichtliche Feststellung der Nichtwählbarkeit auf den Zeitpunkt der Wahl. Es wird vom Gericht überprüft, ob Wählbarkeit i. S. v. § 8 BetrVG zum Zeitpunkt der Wahl gegeben war. Also ob das betreffende Betriebsratsmitglied 18 Jahre alt war und dem Betrieb 6 Monate angehörte.
Das Ersatzmitglied tritt in diesem Fall an die Stelle des ausgeschiedenen Betriebsratsmitglieds und wird ordentliches Mitglied für den Rest der Amtszeit. Es wird vollwertiges Mitglied und hat alle Rechte und Pflichten eines solchen.

Hinweis:
Allerdings tritt das Ersatzmitglied nur in den Betriebsrat ein. Es übernimmt nicht etwaige Funktionen, die das ausgeschiedene Betriebsratsmitglied innehatte.

bb. Tatsächliche Verhinderung

Ob ein Fall der tatsächlichen Verhinderung vorliegt, beurteilt sich nach den Umständen des Einzelfalles.
Kein Fall der Verhinderung liegt vor, wenn das Betriebsratsmitglied aus

- Desinteresse,
- Vergesslichkeit oder
- mutwillig seine Aufgaben nicht wahrnimmt.

Hinweis:
Aus § 37 Abs. 2 BetrVG folgt, dass Betriebsratsarbeit Vorrang vor der betrieblichen Arbeit hat.

Tatsächliche Verhinderung

Ein Fall der tatsächlichen Verhinderung liegt vor, wenn

- ein Betriebsratsmitglied im Urlaub ist oder
- arbeitsunfähig erkrankt ist.

Aber wie ist der Fall zu beurteilen, wenn ein Betriebsratsmitglied trotz Urlaub an der Sitzung teilnehmen möchte?
In diesem Fall muss das Gremienmitglied den Vorsitzenden informieren, dass es trotz des Urlaubs an der Sitzung teilnehmen möchte. Der Betriebsratsvorsitzende muss dies berücksichtigen und darf dann kein Ersatzmitglied einladen, sondern das Gremienmitglied, das im Urlaub ist.

Wenn ein Betriebsratsmitglied arbeitsunfähig erkrankt ist, liegt ebenfalls ein Fall der tatsächlichen Verhinderung vor. Ist das Mitglied zwar arbeitsunfähig, aber nicht amtsunfähig, kann es an Sitzungen teilnehmen.
Es gilt das zum Urlaub Gesagte. Betriebsratsmitglieder müssen in diesen Fällen aktiv auf den Vorsitzenden zugehen und mitteilen, dass sie trotz Arbeitsunfähigkeit an der Sitzung teilnehmen möchten.[4]

Vorsicht:
Dies gilt nicht für freigestellte Betriebsratsmitglieder, weil diese ja gerade für die ausgeübte Tätigkeit (das Ehrenamt als Betriebsrat) arbeitsunfähig sind.[5]

Begriffserklärung:
Eine **Verhinderung** liegt vor, wenn es einem Betriebsratsmitglied unmöglich oder unzumutbar ist, an einer Betriebsratssitzung teilzunehmen.

Zeitweise Verhinderung

Eine zeitweise Verhinderung wird in folgenden Fällen angenommen:
- Arbeitsunfähigkeit und Urlaub[6]
- Montage/Dienstreise (im Ausland)
- Betriebsratsschulung
- Kuraufenthalt
- Beschäftigungsverbote nach dem Mutterschutzgesetz
- Tätigkeit als ehrenamtlicher Richter

Ausnahmsweise kann auch ein Fall der tatsächlichen Verhinderung wegen hoher Arbeitsbelastung vorliegen, wenn das Betriebsratsmitglied für die Behebung eines Notfalls oder zur Erledigung eines unaufschiebbaren Kundenauftrags benötigt wird.

Rechtsprechung:
Keine zeitweise Verhinderung liegt nach der Rechtsprechung des Bundesarbeitsgerichts vor, wenn ein Betriebsratsmitglied in Elternzeit ist.[7] In diesem Fall müsste das Betriebsratsmitglied in Elternzeit dem Vorsitzenden mitteilen, dass während der Elternzeit keine Betriebsratstätigkeit wahrgenommen werden kann, damit der Vorsitzende das Ersatzmitglied laden kann.

---

4 BAG 15.11.1984 – 2 AZR 341/83.
5 LAG Baden-Württemberg 5.12.2018 – 10 TaBV 1/18.
6 BAG 8.9.2011 – 2 AZR 388/10.
7 BAG 25.5.2005 – 7 ABR 45/04.

Es liegt auch keine zeitweise Verhinderung vor, wenn ein Betriebsratsmitglied zum Zeitpunkt der Betriebsratssitzung arbeitsfrei hat. Auch diese Mitglieder sind zu Sitzungen einzuladen.[8]

Hinweis:
Ein Betriebsratsmitglied hat das Recht, trotz Urlaub, Krankheit oder Elternzeit an einer Betriebsratssitzung teilzunehmen.

Grundsätzlich entscheidet das Betriebsratsmitglied selbst, ob ein Fall der Verhinderung vorliegt und informiert den Vorsitzenden entsprechend. !

Damit der Betriebsratsvorsitzende nicht unnötig Ersatzmitglieder einlädt, sollte das Betriebsratsmitglied den Vorsitzenden rechtzeitig informieren, wenn es nicht an einer Sitzung teilnehmen kann und den Verhinderungsgrund mitteilen.

Hinweis:
Der Vorsitzende muss das tatsächliche Vorliegen eines Hinderungsgrunds nicht nachprüfen. Vielmehr darf er ohne eigene Ermittlungen davon ausgehen, dass sich ein Betriebsratsmitglied seiner gesetzlichen Pflicht zur Teilnahme nicht ohne triftigen Grund entzieht.[9]

Nur wenn nachprüfbare Anhaltspunkte für eine pflichtwidrige Entscheidung des jeweiligen Betriebsratsmitglieds vorliegen, kann Veranlassung bestehen, den angegebenen Hinderungsgrund nachzuprüfen.

Hinweis:
Betriebsratsvorsitzende müssen die ihnen genannten Hinderungsgründe sorgsam im Protokoll und der Anwesenheitsliste dokumentieren, damit jederzeit nachprüfbar ist, warum ein Betriebsratsmitglied verhindert war und dass ein Ersatzmitglied eingeladen wurde.

cc. Rechtliche Verhinderung

Ein Fall der **rechtlichen Verhinderung** liegt vor, wenn ein Betriebsratsmitglied wegen eines Themas, welches in der Betriebsratssitzung besprochen werden soll, persönlich unmittelbar betroffen ist.

---

8 BAG 27.9.2012 – 2 AZR 955/11.
9 LAG Hamm 8.12.2017 – 13 TaBV 72/17.

> **Beispiel:**
> Dies ist bei einer Anhörung zu einer Kündigung, Versetzung oder Umgruppierung eines Betriebsratsmitglieds der Fall.

An der Behandlung dieses Tagesordnungspunkts darf das Betriebsratsmitglied nicht teilnehmen. Von einer **unmittelbaren persönlichen Betroffenheit** kann nur gesprochen werden, wenn das Betriebsratsmitglied von der Maßnahme, zu der der Arbeitgeber anhört, selbst betroffen ist. Keine Betroffenheit liegt vor, wenn das Betriebsratsmitglied sich für eine Stelle beworben hat und nicht berücksichtigt wurde.[10]
Ist ein Betriebsratsmitglied verhindert, muss ein Ersatzmitglied eingeladen werden. Dies gilt immer nur für den **Zeitraum der Verhinderung**.

> **Beispiel:**
> Im Beispielsfall ist das Betriebsratsmitglied bei der Sitzung nur für den Tagesordnungspunkt seiner beabsichtigten Kündigung verhindert.

Keine rechtliche Verhinderung liegt vor, wenn der Betriebsrat eine Beschlussfassung über organisatorische Angelegenheiten des Betriebsrats fassen will.

> **Beispiele:**
> - Abwahl des Vorsitzenden,
> - Entsendung von Betriebsratsmitgliedern in den GBR oder
> - Wahl des freigestellten Betriebsratsmitglieds

! **Wichtig für die Planung der Einladung ist, dass die Betriebsratsmitglieder den Vorsitzenden rechtzeitig über die Verhinderung informieren. Beim Urlaub kann dies schon im Rahmen der Urlaubsplanung geschehen. Im Fall der Erkrankung so schnell wie möglich. Auch der Betriebsrat sollte eine Urlaubsplanung machen, damit nicht plötzlich zu viele ordentliche Betriebsratsmitglieder abwesend sind.**

c. Einladung von Ersatzmitgliedern

Umfang der Vertretung

Ersatzmitglieder sind bei der **zeitweiligen Verhinderung** eines Betriebsratsmitglieds rechtzeitig einzuladen, also im Falle von Urlaub und Krankheit. Auf die Dauer der Verhinderung kommt es nicht an. Die Vertretung

10 BAG 6.11.2013 – 7 ABR 84/11.

beginnt ab dem Zeitpunkt der Verhinderung. Sie ist nicht nur auf Betriebsratssitzungen beschränkt, sondern beginnt z. B. schon mit der Vorbereitung für eine Sitzung.
Ersatzmitglieder sind unter Berücksichtigung von § 25 Abs. 2 BetrVG einzuladen. Die Reihenfolge des Nachrückens bestimmt sich nach dem festgestellten Wahlergebnis entsprechend der Wahlniederschrift nach § 23 Wahlordnung (WO). Bei Stimmengleichheit entscheidet das Los.
Zu unterscheiden ist, ob der Betriebsrat nach den Grundsätzen der Mehrheits- oder Verhältniswahl gewählt wurde.

aa. Verhältniswahl

Begriffserklärung:
Eine Verhältniswahl liegt vor, wenn die Wahl aufgrund mehrerer Vorschlagslisten erfolgt ist.

Reihenfolge des Nachrückens

Wurde die Wahl als Verhältniswahl durchgeführt, rücken die Ersatzmitglieder in der Reihenfolge nach, wie sie auf der Liste aufgeführt sind, auf der ein Betriebsratsmitglied verhindert ist.

Hinweis:
Das Minderheitengeschlecht ist immer vorrangig zu berücksichtigen.

Minderheitengeschlecht

Wer das **Minderheitengeschlecht** ist und wie es im Verhältnis zu berücksichtigen ist, ergibt sich aus dem Wahlausschreiben. Etwaige spätere Änderungen bleiben unberücksichtigt.
Die Berücksichtigung des Minderheitengeschlechts ist wie folgt vorzunehmen:

Beispielsfall:
Der Betriebsrat besteht aus 9 Mitgliedern. Im Betrieb sind 368 Arbeitnehmer beschäftigt, davon 200 Männer und 168 Frauen. Dem Betriebsrat müssen also mindestens vier Frauen angehören (Minderheitengeschlecht). Für die Wahl wurden 3 Vorschlagslisten eingereicht.
Liste 1 erhält 200 Stimmen und damit 5 Sitze
Liste 2 erhält 110 Stimmen und damit 3 Sitze
Liste 3 erhält 58 Stimmen und damit 1 Sitz

Liste 1:		**Liste 2:**		**Liste 3:**	
1. (200)	Mann Mitglied	(110)	Frau Mitglied	(58)	Frau Mitglied

Liste 1:		Liste 2:		Liste 3:	
2. (100)	Frau Mitglied	(55)	Mann Mitglied	(29)	Mann
3. (66,66)	Mann Mitglied	(36,66)	Mann Mitglied	(19,33)	Mann
4. (50)	Frau Mitglied	(27,5)	Frau	(14,5)	Mann
5. (40)	Mann Mitglied	(22)	Mann	(11,6)	Frau
6. (33,33)	Frau	(18,33)	Mann		
7. (28,57)	Mann				
8. (25)	Frau				
9. (22,22)	Frau				

Beispiel 1:
Die beiden Frauen von Liste 1 sind verhindert. Nachrücken müssten eigentlich die Nr. 6 und Nr. 7 der Liste 1. Dies würde aber dazu führen, dass das Minderheitengeschlecht nicht mehr mir 4 Mitgliedern vertreten ist. Deshalb rücken von der Liste 1 Nr. 6 und Nr. 8 nach.

Beispiel 2:
Von der Liste 1 sind wieder die beiden Frauen verhindert. Von der Liste 2 ein Mann. Von der Liste 1 müssten wieder die Nr. 6 und Nr. 7 nachrücken. Von der Liste 2 die Nr. 4, eine Frau. Dies führt dazu, dass das Minderheitengeschlecht mit vier vertreten ist. Die Nr. 7 der Liste 1 darf also nachrücken.

Beispiel 3:
Von der Liste 1 sind alle Frauen, bis auf die Frau mit dem Listenplatz 9 verhindert. Dies führt dazu, dass das Minderheitengeschlecht nicht mehr mit 4 Vertretern im Betriebsrat vorhanden ist. In diesem Fall muss auf die anderen Listen zurückgegriffen werden, und zwar in der Reihenfolge wie die weiteren Sitze im Betriebsrat zu vergeben wären, wenn weitere Sitze zu verteilen sind, also nach d'Hondt. Dies ist im Beispielsfall die Frau mit dem Listenplatz 4 der Liste 2.

Beispiel 4:
Die beiden Frauen von der Liste 2 haben sich in einen anderen Betrieb versetzen lassen, und haben deshalb ihr Amt dauerhaft verloren. Weitere Frauen stehen nicht auf der Liste 2. Nach den Versetzungen ist das Minderheitengeschlecht nicht mehr im Betriebsrat mit 4 Sitzen vertreten. Deshalb kommt es zu einem Listensprung. Die Frau mit der nächsten Höchstzahl

wird ordentliches Betriebsratsmitglied. Dies ist die Frau auf der Liste 1 mit dem Listenplatz 6.

D'hondtsches Höchstzahlverfahren

Merke:
Bei der Verteilung nach d'Hondt muss man wie folgt vorgehen:
Ausgehend von der Anzahl der Stimmen, die jede Liste erreicht hat, teilt man die Stimmen jeweils durch 1, 2, 3, 4, 5, 6, 7, 8, 9 usw. Dadurch erhält jeder Sitz eine Zahl, nach der die Sitzverteilung dann erfolgen muss. Die Klammerzahlen im Beispiel zeigen die jeweiligen Höchstzahlen, nach denen sich die Mitglieder und Ersatzmitglieder bestimmen. Die Mitglieder mit den höchsten Zahlen sind dann jeweils im Betriebsrat vertreten, es sei denn, es ist eine Korrektur aufgrund des Minderheitengeschlechts notwendig. Die Kandidaten, die nicht Mitglied im Betriebsrat geworden sind, sind Ersatzmitglieder in der Reihenfolge der errechneten Höchstzahlen, es sei denn es ist eine Korrektur aufgrund des Minderheitengeschlechts notwendig.

bb. Mehrheitswahl

Begriffserklärung:
Mehrheitswahl oder auch Persönlichkeitswahl genannt, liegt vor, wenn nur eine Liste zur Wahl eingereicht wurde.

Wurde die Wahl als Mehrheitswahl durchgeführt, so ist das Ersatzmitglied mit der nächsthöheren Stimmenzahl einzuladen. Auch hier wieder nur dann, wenn das Minderheitengeschlecht im Betriebsrat gewahrt wird.

Beispiel:
Es besteht ein 9-köpfiger Betriebsrat. Die Sitzverteilung hat ergeben, dass das Minderheitengeschlecht das weibliche ist. Frauen müssen entsprechend dem Wahlausschreiben mit mindestens 3 Sitzen im Betriebsrat vertreten sein. Tatsächlich sind sie mit 4 Sitzen vertreten. Die Reihenfolge der Ersatzmitglieder ist wie folgt:
1. Ersatzmitglied Mann
2. Ersatzmitglied Mann
3. Ersatzmitglied Frau

2 Frauen sind zeitweilig verhindert, also rückt das 3. Ersatzmitglied nach, da ansonsten das Minderheitengeschlecht nicht mehr ausreichend vertreten ist. Ist nur 1 Frau verhindert, rückt das 1. Ersatzmitglied nach, da das Minderheitengeschleckt immer noch ausreichend vertreten ist.

d. Kurzfristige Verhinderung

Erfährt der Betriebsratsvorsitzende erst am Tag der Sitzung von einer Verhinderung eines Betriebsratsmitglieds, stellt sich die Frage, ob er auch dann noch verpflichtet ist, ein Ersatzmitglied einzuladen. Hierzu hat das BAG entschieden, dass der Betriebsratsvorsitzende in diesem Fall einen Ermessensspielraum hat. Es ist jedenfalls nicht falsch, wenn er entscheidet, dass eine rechtzeitige Einladung nicht mehr möglich ist. Zur ordnungsgemäßen Einladung gehört, dass diese rechtzeitig bei den Betriebsratsmitgliedern eingeht, damit diese sich auf die Sitzung vorbereiten können. Dies wird man bei einer Einladung am selben Tag kaum noch gewährleisten können. Das BAG hat jedoch auch entschieden, dass es immer auf die Umstände des Einzelfalls ankommt.[11]

e. Weitere Teilnehmer/Nichtöffentlichkeit

Nichtöffentlichkeit

Zu den Betriebsratssitzungen können oder müssen weitere Teilnehmer eingeladen werden, soweit dies im BetrVG geregelt ist. Ansonsten sind die Sitzungen nur auf die Betriebsratsmitglieder beschränkt. Dies folgt aus dem in § 30 Satz 4 BetrVG geregelten **Grundsatz der Nichtöffentlichkeit**.

! **Es ist aber zulässig, dass der Betriebsrat einen Protokollführer hinzuzieht, der während der gesamten Sitzung anwesend ist.**

Nichtöffentlichkeit der Telefon- und Videokonferenz

Findet die Betriebsratssitzung nicht als Präsenzsitzung statt, muss dennoch sichergestellt werden, dass der Grundsatz der Nichtöffentlichkeit gewahrt wird. Voraussetzung dafür ist, dass allen teilnehmenden Betriebsratsmitgliedern ein Arbeitsplatz zur Verfügung steht oder gestellt wird, der es ihnen ermöglicht, ungestört an der Sitzung teilzunehmen und der die unbefugte Kenntnisnahme von Bild- und Tonübertragung ausschließt. Dies wird in der Regel nur ein Arbeitsplatz in einem Einzelbüro sein, bei dem nicht von außen auf den Bildschirm geschaut werden kann. Dies gilt ebenso, wenn Betriebsratsmitglieder im **Homeoffice** tätig sind oder sich auf Reisen befinden. Auch in diesen Fällen ist sicherzustellen, dass andere Personen vom Inhalt der Betriebsratssitzung keine Kenntnis nehmen können. Darüber hinaus müssen die entsprechenden technischen Voraussetzungen geschaffen werden, um die Kenntnisnahme der Sitzungsinhalte durch Unbefugte auszuschließen.

---

11 BAG 20.05.2025 – 1 AZR 35/24.

Unzulässig ist nach § 30 Abs. 3 BetrVG die Aufzeichnung von Betriebsratssitzungen. !

Auskunftspersonen

Weitere Personen können als Auskunftspersonen oder zur Beratung für einzelne Punkte hinzugezogen werden. Dies ist immer zulässig, wenn es der Betriebsrat für **erforderlich** hält.

Begriffserklärung:
Erforderlich ist die Hinzuziehung, wenn sie zur ordnungsgemäßen Erfüllung der Aufgaben des Betriebsrats erforderlich ist. Dies ist der Fall, wenn der Betriebsrat die notwendige Sachkunde nicht selbst hat und die benötigte Unterrichtung im Rahmen der Aufgaben des Betriebsrates liegt.

Als **Auskunftspersonen** kommen sachkundige Arbeitnehmer des Betriebs in Betracht (§ 80 Abs. 2 Satz 4 BetrVG). Ferner externe **Sachverständige** nach § 80 Abs. 3 BetrVG oder § 111 Satz 2 BetrVG. Sie sind, soweit sie nicht schon nach den §§ 79, 80 Abs. 4 BetrVG zur Verschwiegenheit verpflichtet sind, auf diese hinzuweisen.

Hinweis:
Soweit diese Personen gesetzlich oder vertraglich zur Geheimhaltung verpflichtet sind, können sie während der Beschlussfassung des Betriebsrats im Raum bleiben, wenn der Betriebsrat damit einverstanden ist.[12] Alle anderen Personen müssen während der Beschlussfassung den Raum verlassen.

aa. Gewerkschaftsvertreter

Gewerkschaftsvertreter

Ein Gewerkschaftsvertreter ist gem. § 31 BetrVG zu den Betriebsratssitzungen einzuladen, wenn die Gewerkschaft im Betrieb vertreten ist und ein Viertel der Betriebsratsmitglieder dies wünscht.

Begriffserklärung:
Eine Gewerkschaft ist im Betrieb vertreten, wenn sie mindestens ein Mitglied im Betrieb hat.

Der Betriebsrat kann auch beschließen, dass grundsätzlich zu jeder Sitzung des Betriebsrats ein Gewerkschaftsvertreter eingeladen wird. Dieser nimmt an den Betriebsratssitzungen beratend teil. Er hat kein Stimmrecht. Dem Gewerkschaftsvertreter muss dann der Termin der Sitzung

12 Wedde in BetrVG Kommentar, Däubler/Klebe/Wedde, § 30 Rn. 13c.

und die Tagesordnung rechtzeitig mitgeteilt werden. Spätestens zeitgleich mit der Einladung der Betriebsratsmitglieder. Gleiches gilt für Ausschusssitzungen.

Hinweis:
Es empfiehlt sich, dem Gewerkschaftsvertreter die geplanten Sitzungstermine im Voraus zukommen zu lassen und wichtige Termine zusätzlich mit ihm abzustimmen.

bb. Schwerbehindertenvertretung

Teilnahmerecht der Schwerbehindertenvertretung

Die Schwerbehindertenvertretung (SBV) hat das Recht, an allen Sitzungen des Betriebsrats und seiner Ausschüsse beratend teilzunehmen. Gem. § 29 Abs. 2 BetrVG ist sie rechtzeitig – wie die Betriebsratsmitglieder – einzuladen. Diese Vorschrift ist **zwingend**.

Muster einer Einladung auf Seite 75

Begriffserklärung:
Eine gesetzliche Vorschrift ist zwingend, wenn sie durch niemanden abgeändert werden darf. Also weder durch Betriebsratsbeschluss noch durch Vereinbarung mit dem Arbeitgeber.

Hinweis:
Die SBV ist auch dann noch im Amt und zu Sitzungen einzuladen, wenn die Anzahl der schwerbehinderten Menschen im Betrieb unter fünf gesunken ist. Die Amtszeit endet nicht vorzeitig. Dies ist im Gesetz nicht vorgesehen.[13]

Aussetzung von Betriebsratsbeschlüssen

Die SBV kann die Aussetzung eines Betriebsratsbeschlusses für die Dauer von einer Woche verlangen, wenn sie diesen als Beeinträchtigung wichtiger Interessen der schwerbehinderten Arbeitnehmer erachtet (§ 35 BetrVG).

Begriffserklärung:
Aussetzung bedeutet, dass die Durchführung des Beschlusses um eine Woche aufgeschoben werden muss.

Beispiel:
Der Arbeitgeber hat die SBV entgegen der Vorschrift des § 178 Abs. 2 SGB IX nicht informiert, dass sich ein schwerbehinderter Mensch auf einen freien Arbeitsplatz im Betrieb beworben hat. Dem Betriebsrat wird die personel-

---

13 BAG 19. 10. 2022 – 7 ABR 27/21.

le Maßnahme vorgelegt und der schwerbehinderte Bewerber wird nicht genommen. Der Betriebsrat will der personellen Maßnahme zustimmen, die dazu führt, dass der schwerbehinderte Kandidat nicht genommen wird. Hier kann die SBV die Aussetzung der Zustimmung des Betriebsrats zu der personellen Maßnahme verlangen.

Hinweis:
Bei einer personellen Maßnahme gilt die Zustimmung des Betriebsrats als erteilt, wenn er nicht innerhalb von einer Woche widerspricht. Deshalb muss der Betriebsrat zunächst unter Hinweis auf den Aussetzungsantrag der SBV der personellen Maßnahme widersprechen.

Während der Zeit der Aussetzung soll eine Verständigung zwischen Betriebsrat und SBV herbeigeführt werden. Der Gewerkschaftsvertreter kann hierbei vermittelnd beraten.
Nach Ablauf der Woche muss der Betriebsrat erneut über die Angelegenheit beschließen. Er kann entweder den alten Beschluss aufrechterhalten oder entscheiden, wie er abgeändert werden soll.

Hinweis:
- Ist der Beschluss bereits umgesetzt, kann eine Aussetzung nicht mehr verlangt werden.
- Fristen z.B. nach § 99 BetrVG oder nach § 102 BetrVG laufen trotz Aussetzungsbeschluss.

cc. Jugend- und Auszubildendenvertretung

Teilnahmerecht der JAV

Gemäß § 67 Abs. 1 BetrVG kann die Jugend- und Auszubildendenvertretung (JAV) zu allen Betriebsratssitzungen einen Vertreter entsenden. Auch sie ist rechtzeitig gem. § 29 Abs. 2 BetrVG – wie die Betriebsratsmitglieder – einzuladen. Nach § 67 Abs. 2 BetrVG hat die JAV ein Stimmrecht auf Betriebsratssitzungen, wenn durch einen Beschluss des Betriebsrats überwiegend jugendliche Arbeitnehmer oder Auszubildende betroffen sind. Die Stimmen der JAV sind in solchen Fällen nach § 33 Abs. 3 BetrVG zu berücksichtigen.

Begriffserklärung:
Gemäß § 60 Abs. 1 BetrVG sind jugendliche Arbeitnehmer solche, die das 18. Lebensjahr noch nicht vollendet haben; Auszubildende sind Beschäftigte, die zu ihrer Berufsausbildung beschäftigt werden und das 25. Lebensjahr noch nicht vollendet haben.

Auch die JAV kann die Aussetzung eines Beschlusses des Betriebsrats nach § 35 BetrVG verlangen, wenn sie den Beschluss als eine erhebliche Beeinträchtigung wichtiger Interessen der jugendlichen Arbeitnehmer und der Auszubildenden ansieht.

> **Beispiel:**
> Der Betriebsrat legt mit dem Arbeitgeber den Urlaubsplan fest und berücksichtigt die Berufsschulferien nicht. Dies stellt eine erhebliche Beeinträchtigung der Belange der Auszubildenden dar. Deshalb kann die JAV die Aussetzung verlangen.
> Der Aussetzungsbeschluss bedarf der absoluten Mehrheit der JAV.

dd. Arbeitgeber

Teilnahme des Arbeitgebers

Gem. § 29 Abs. 4 BetrVG nimmt der Arbeitgeber an den Sitzungen teil, die auf sein Verlangen anberaumt sind. Verlangt der Arbeitgeber zu einem bestimmten Thema eine Sitzung, muss der Betriebsrat das Thema auf die Tagesordnung setzen und den Arbeitgeber zu diesem Tagesordnungspunkt einladen.

> **Hinweis:**
> Der Arbeitgeber kann nicht verlangen, an der Diskussion anderer Tagesordnungspunkte teilzunehmen. Der Betriebsrat kann den Arbeitgeber aber jederzeit auch zu anderen Tagesordnungspunkten einladen.

Der Betriebsrat sollte nie Beschlüsse im Beisein des Arbeitgebers fassen.

Monatsgespräch

Gemäß § 74 BetrVG sollen Arbeitgeber und Betriebsrat einmal im Monat zu einer Besprechung zusammentreten. Dies hat sich als sinnvoll herausgestellt, weil während einer solchen Sitzung viele strittige Punkte angesprochen und geklärt werden können.

> **Hinweis:**
> Zumindest wichtige Zusagen sollten protokolliert werden und dieser Teil des Protokolls dem Arbeitgeber geschickt werden.

Näheres zum Protokoll auf Seite 41 ff.

Dann kann der Arbeitgeber von seinen Zusagen später nicht so einfach zurücktreten. Es empfiehlt sich einen Nachweis über den Zugang beim Arbeitgeber zu haben. Dies kann dadurch sichergestellt werden, dass zwei

Betriebsratsmitglieder das Protokoll übergeben oder der Betriebsrat sich den Zugang bestätigen lässt.

6. Einladung und Tagesordnung

Nachdem geklärt ist, wer zu den Betriebsratssitzungen einzuladen ist, muss eine **ordnungsgemäße Einladung**, unter Mitteilung der Tagesordnung, erfolgen. Diese ist Teil der ordnungsgemäßen Beschlussfassung. Die Einladung erfolgt durch den Vorsitzenden oder im Fall seiner Verhinderung durch seinen Stellvertreter.

Hinweis auf Art der Sitzung

In der Einladung sind Zeit und Ort der Sitzung sowie die Tagesordnung bekannt zu geben und mitzuteilen, ob die Sitzung als Präsenzsitzung oder als **Video- und Telefonkonferenz** geplant ist.

Frist für Widerspruch

Ferner muss eine Frist gesetzt werden, innerhalb derer der Sitzung als Video- und Telefonkonferenz widersprochen werden kann. Möglich sind generelle Fristen für die ordentlich geplanten Sitzungen und situationsangepasste Fristen bei zusätzlichen Betriebsratssitzungen, zu denen kurzfristig eingeladen wird und bei denen ein schnelles Handeln für den Betriebsrat notwendig ist.

Widerspricht ein Viertel der Betriebsratsmitglieder einer Sitzung in Form von Video- und Telefonkonferenz, muss sie als Präsenzsitzung stattfinden.

Muster eines Widerspruchs auf Seite 76

Es ist möglich, Einladung und Tagesordnung in einem Schreiben zusammenzufassen, oder zunächst in einem Schreiben Termin, Zeitpunkt und Ort der Sitzung mitzuteilen und in einem weiteren Schreiben die Tagesordnung.

a. Anforderungen an eine ordnungsgemäße Einladung

Einladung

Eine Einladung zu einer Betriebsratssitzung ist ordnungsgemäß, wenn die richtigen Betriebsratsmitglieder eingeladen wurden und wenn die Einladung so rechtzeitig erfolgt ist, dass die Betriebsratsmitglieder den Termin wahrnehmen können und Zeit haben, sich auf die Sitzung vorzubereiten. Selbstverständlich gehören auch Zeitpunkt und Ort der Sitzung dazu.

Bei den **regelmäßigen Sitzungen** wissen die Betriebsratsmitglieder zumeist genau, welche Termine sie sich freihalten müssen. In diesen Fällen ist es meist zweckmäßig, Einladung und Tagesordnung zusammen zu verschicken. Wenn der Termin den Mitgliedern noch nicht bekannt ist, sollten schnellstmöglich alle Betriebsratsmitglieder eingeladen werden, damit sie den Termin freihalten können und die Tagesordnung kann dann noch später geschickt werden. Wichtig ist aber, dass die Betriebsratsmitglieder zur Vorbereitung der Sitzung auch die Tagesordnung benötigen. Bei den regelmäßigen Sitzungen sollte die Tagesordnung so rechtzeitig bei den Betriebsratsmitgliedern sein, dass diese genügend Zeit haben, sich auf die Sitzung vorzubereiten. Der Zeitpunkt der Sitzung steht bei den regelmäßigen Sitzungen schon fest. Die Form der Einladung kann sehr unterschiedlich sein und sollte im Gremium geklärt werden. Die Einladung kann durch Hauspost, E-Mail oder auf dem normalen Postweg erfolgen. Bei der Einladung zu einer Video- oder Telefonkonferenz sollten bereits mit der Einladung die Zugangsdaten verschickt werden.

Wie eingeladen wird, muss mit jedem einzelnen Betriebsratsmitglied geklärt werden, da eventuell nicht jeder Zugriff auf E-Mails hat.
Bei der Benutzung von E-Mails – sowohl bei privaten E-Mail-Adressen als auch bei der Benutzung von personifizierten Firmen E-Mail-Adressen – muss unbedingt darauf geachtet werden, dass der Datenschutz gewährleistet ist. Auch auf einer Tagesordnung können schon sensible personenbezogene Daten enthalten sein, z. B. die beabsichtigte Kündigung eines Kollegen. Deshalb muss beim Versenden der Einladung sichergestellt werden, dass nur die eingeladenen Betriebsratsmitglieder Zugriff auf die Tagesordnung haben. Bei privaten E-Mail-Adressen z. B., dass kein weiteres Familienmitglied Zugriff auf die E-Mails hat. Bei Firmen E-Mails ebenfalls und darüber hinaus, dass der Rechner des Betriebsratsmitglieds Passwortgeschützt ist und der Passwortschutz auch bei kurzfristigem Verlassen des Arbeitsplatzes aktiviert wird.

Bei weiteren kurzfristig notwendigen Betriebsratssitzungen muss es natürlich oft schnell gehen. Hier gilt der Grundsatz: so schnell wie möglich. Die Einladung kann in solchen Fällen auch mündlich erfolgen.

Benachrichtigung über Verhinderung

Wurde ein Betriebsratsmitglied eingeladen, das nicht an der Sitzung teilnehmen kann, soll dieses Mitglied den Betriebsratsvorsitzenden so schnell wie möglich informieren. Die Information muss auch den **Verhinderungsgrund** umfassen, also Urlaub, Krankheit etc.

Checkliste für die Einladung auf Seite 72

Der Vorsitzende muss dann entscheiden, ob ein Verhinderungsgrund vorliegt und ob ein Ersatzmitglied einzuladen ist. Die Einladung der Ersatzmitglieder kann unter Umständen erst sehr spät erfolgen, wenn die Nachricht des Betriebsratsmitglieds erst sehr spät kommt.

b. Anforderungen an eine ordnungsgemäße Tagesordnung

Tagesordnung

Die Aufstellung der Tagesordnung und ihre Mitteilung haben den Zweck, dass sich alle Betriebsratsmitglieder auf die einzelnen Tagesordnungspunkte vorbereiten können. Deshalb soll die Tagesordnung die Punkte, die zu besprechen sind, möglichst genau beschreiben.
Eine pauschale Überschrift genügt nicht.
Nur der TOP »Personelle Einzelmaßnahmen« ist zu wenig. Hier kann sich eine Kündigung oder Einstellung oder Versetzung verstecken. Deshalb sind die personellen Einzelmaßnahmen, wenn bereits zum Zeitpunkt der Einladung bekannt, aufzuführen. Ferner sollte der Hinweis aufgenommen werden, dass die Unterlagen hierzu im Betriebsratsbüro eingesehen werden können. Nur dann ist sichergestellt, dass sich alle Betriebsratsmitglieder vorbereiten können.

Muster einer Tagesordnung auf Seite 74

Hinweis:
Unter dem Tagesordnungspunkt »Verschiedenes« kann kein Beschluss gefasst werden. Will man einen weiteren Tagesordnungspunkt erst während der Sitzung auf die Tagesordnung setzen, muss die Tagesordnung **erweitert** werden. Dies erfolgt durch einen einstimmigen Beschluss über die Änderung der Tagesordnung.

Die Inhalte der Tagesordnung gehen den Arbeitgeber nichts an. Er hat nur Anspruch darauf, Zeit und Ort der Sitzung zu erfahren. !

c. Fehlende Tagesordnung/Änderung der Tagesordnung

Heilung der fehlenden Tagesordnung

Wurde die Tagesordnung nicht vorher bekannt gegeben, liegt ein Verstoß gegen § 29 Abs. 2 Satz 3 BetrVG vor. Dieser Verstoß kann in der Betriebsratssitzung geheilt werden, wenn alle Betriebsratsmitglieder inklusive der Ersatzmitglieder ordnungsgemäß geladen wurden, der Betriebsrat beschlussfähig ist und die anwesenden Mitglieder einstimmig die Tagesordnung beschließen.[14] Die Tagesordnung kann auch während der Sitzung noch erweitert werden. Es gelten dieselben Grundsätze wie bei der fehlenden Tagesordnung.

---

14 BAG 15.4.2013 – 1 ABR 2/13 (B).

III. Beschlussfassung

Vertretung nach außen

Der Betriebsrat trifft seine Entscheidungen durch Beschluss. Beschlüsse des Betriebsrats werden gemäß § 33 BetrVG gefasst. Nach § 26 BetrVG vertritt der Vorsitzende, in dessen Abwesenheit der stellvertretende Vorsitzende den Betriebsrat im Rahmen der gefassten Beschlüsse nach außen.

! **Die Beschlussfassung des Betriebsrats ist wesentliche Voraussetzung für die Vertretung nach außen.**

1. Voraussetzung der wirksamen Beschlussfassung

Checkliste für Beschlüsse auf Seite 77ff.

Voraussetzungen einer wirksamen Beschlussfassung sind:

- der richtige Teilnehmerkreis (ordentliche Betriebsratsmitglieder und ggf. Ersatzmitglieder),
- die Einladung,
- die Tagesordnung,
- die persönliche Anwesenheit der Mitglieder oder Ersatzmitglieder,
- die Beschlussfähigkeit des Gremiums,
- der Mehrheitsbeschluss.

Beschlussfähigkeit

Begriffserklärung:
Der Betriebsrat ist beschlussfähig, wenn **mindestens die Hälfte** der gesetzlich vorgeschriebenen Betriebsratsmitglieder an der Beschlussfassung teilnimmt. Bei der Feststellung der Beschlussfähigkeit zählen Ersatzmitglieder mit.

Beispiel:
Bei einem 9-köpfigen Betriebsrat sind dies 5 Mitglieder.

Ausnahme:

Gesamtzahl der Mitglieder gesunken

Ist die **Gesamtzahl der Mitglieder** auch nach Eintreten sämtlicher Ersatzmitglieder unter die gesetzlich vorgesehene Zahl gesunken, ist ausnahmsweise bis zur Neuwahl des Betriebsrats von der Zahl der noch vorhandenen Betriebsratsmitglieder auszugehen. Denn nach § 22 BetrVG führt der verbleibende Betriebsrat bis zu diesem Zeitpunkt die Geschäfte weiter. In analoger Anwendung von § 22 BetrVG gilt dies auch in den Fällen, in denen infolge einer vorübergehenden Verhinderung von Betriebsratsmitgliedern der Betriebsrat auch nach Einrücken der Ersatzmitglieder nicht mehr mit der vorgeschriebenen Zahl besetzt ist.[15]

Beispiel:
In einem Betrieb fand ein großer Personalabbau statt, von dem auch einige Betriebsratsmitglieder betroffen waren. Dies hat dazu geführt, dass die Ersatzmitglieder zu ordentlichen Betriebsratsmitgliedern wurden. Auf der Liste gibt es aber nicht mehr genügend Ersatzmitglieder, um alle fehlenden Betriebsratsmitglieder zu ersetzen. Dann fällt die Anzahl der Betriebsratsmitglieder unter die erforderliche Anzahl, bis eine Neuwahl stattgefunden hat. Zur Feststellung der Beschlussfähigkeit (mindestens die Hälfte) ist von der verringerten Zahl auszugehen.

Es zählen nur die anwesenden Betriebsratsmitglieder; Gremienmitglieder, die berechtigt mittels Video- und Telefonkonferenz an der Beschlussfassung teilnehmen, gelten als anwesend. !

Die **Beschlussfähigkeit** muss während der gesamten Betriebsratssitzung bei jedem einzelnen Beschluss vorliegen. Verlassen Betriebsratsmitglieder während der Sitzung den Raum, ist dies im Protokoll zu vermerken. Verlassen Mitglieder im Rahmen einer Video- und Telefonkonferenz die Sitzung, müssen sie die Betriebsratsvorsitzende entsprechend informieren. Auch dies ist im Protokoll zu vermerken. Wenn die SBV oder JAV-Mitglieder an der Abstimmung teilnehmen, werden sie bei der Feststellung der Beschlussfähigkeit nicht berücksichtigt.

Der Betriebsrat stimmt zu den einzelnen Anträgen ab.

Stimmrecht der JAV

Wenn die Anträge überwiegend jugendliche Arbeitnehmer betreffen, haben die Mitglieder der JAV ein Stimmrecht im Betriebsrat (§ 33 Abs. 3 i. V. m. § 67 Abs. 2 BetrVG). Die SBV hat kein Stimmrecht, sie nimmt nur beratend teil.

15 LAG Berlin 1. 3. 2005 – 7 TaBV 2220/04; BAG 18. 8. 1982 – 7 AZR 437/80.

Beschlussfassung

Üblicherweise wird offen abgestimmt. Zustimmung, Ablehnung oder Enthaltung werden durch Handzeichen angezeigt. Im Rahmen von Video- und Telefonkonferenzen kommt eine Abstimmung durch Handzeichen allenfalls in kleineren Betriebsräten zum Tragen. In größeren Gremien ist die individuelle Mitteilung der Entscheidung durch Nennung des Namens möglich. Die Vorsitzende muss sicherstellen, dass das Abstimmungsergebnis zweifelsfrei festgestellt wird.
Ausnahmsweise kann auch ein Antrag auf **geheime Abstimmung** gestellt werden. Dieser bereitet bei Video- und Telefonkonferenzen besondere Probleme. Zwar gibt es auf dem Markt für die Realisierung einer geheimen Abstimmung innerhalb einer Video- und Telefonkonferenz spezielle Software. Diese wird jedoch im Regelfall nicht spontan zur Verfügung stehen. Deshalb sollten Punkte, die einer geheimen Abstimmung bedürfen, nur in Präsenzsitzungen behandelt werden. Anderenfalls ist nur eine Entscheidung wie bei einer Briefwahl möglich, die sehr zeitaufwändig und daher unpraktisch ist.

> **Hinweis:**
> Eine Beschlussfassung im Umlaufverfahren ist nach wie vor unzulässig.

! Das Abstimmungsergebnis muss im Protokoll hinter dem Antrag festgehalten werden.

> **Beispiel:**
> Es ist ein 9-köpfiger Betriebsrat, ein Betriebsratsmitglied fehlt unentschuldigt. Der Arbeitgeber beantragt die Zustimmung zu einer Einstellung von Herrn XY. Es wird folgender Beschluss zur Abstimmung gestellt: Wer stimmt dem Antrag des Arbeitgebers auf Zustimmung zur Einstellung von Herrn XY zu?
> Abstimmungsergebnis:
> 4 Ja-Stimmen; 4 Nein-Stimmen; keine Enthaltung
> Der Antrag ist abgelehnt, weil es keine Mehrheit für den Antrag gibt.

> **Hinweis:**
> Der Arbeitgeber braucht nach § 99 BetrVG keine Zustimmung zu der Einstellung. Solange der Betriebsrat nicht gegenüber dem Arbeitgeber die Zustimmung schriftlich verweigert, gilt die Zustimmung als erteilt. Das bedeutet, der Beschluss des Betriebsrats muss dem Arbeitgeber innerhalb der in § 99 BetrVG geregelten Wochenfrist zugehen. Er muss also am besten dem Arbeitgeber übergeben werden.

Soweit im BetrVG nicht ausdrücklich etwas anderes geregelt ist, werden die Beschlüsse mit **einfacher Mehrheit** der anwesenden Betriebsratsmitglieder gefasst. Stimmt die Mehrheit für den Antrag, ist er beschlossen. Bei Stimmengleichheit ist er abgelehnt. Enthaltungen werden als Ablehnung gewertet.

Mehrheitsbeschluss

Einfache Mehrheit

Beispiel 1: 7-köpfiger Betriebsrat
Abstimmung: 4 Ja-Stimmen
2 Nein-Stimmen
1 Enthaltung
Ergebnis: Zustimmung

Beispiel 2: 7-köpfiger Betriebsrat
Abstimmung: 3 Ja-Stimmen
3 Nein-Stimmen
1 Enthaltung
Ergebnis: Ablehnung, weil die Enthaltung als Nein-Stimme zählt

Beispiel 3: 7-köpfiger Betriebsrat, es erscheinen aber nur 4 zur Sitzung
Abstimmung: 2 Ja-Stimmen
2 Nein-Stimmen
keine Enthaltung
Ergebnis: Ablehnung, weil es keine Mehrheit für den Antrag gibt.

In einzelnen Fällen sind Beschlüsse mit einfacher Mehrheit nicht ausreichend. Das Gesetz verlangt eine **qualifizierte Mehrheit**.

Qualifizierte Mehrheit

Im Gesetz erkennt man die Regelung an der Formulierung: »... *mit der Mehrheit der Stimmen* ***seiner Mitglieder*** ...«. Dann wird nicht die Mehrheit der anwesenden Betriebsratsmitglieder verlangt, sondern die **Mehrheit der Mitglieder des Betriebsrats**. D.h. bei einem 7-köpfigen Betriebsrat müssen 4 Betriebsratsmitglieder für den Antrag stimmen.

Beispiele:
- Rücktritt des Betriebsrats nach § 13 Abs. 2 Nr. 3 BetrVG
- Übertragung von Aufgaben zur selbständigen Erledigung auf Ausschüsse (§§ 27 Abs. 2, 28 BetrVG)
- Übertragung von Aufgaben auf Arbeitsgruppen (§ 28a BetrVG)
- Schriftliche Geschäftsordnung des Betriebsrats (§ 36 BetrVG)
- Beauftragung des Gesamtbetriebsrats (§ 50 Abs. 2 BetrVG)
- Übertragung von Aufgaben des Wirtschaftsausschusses auf einen Ausschuss des Betriebsrats (§ 107 Abs. 3 BetrVG)

Mehrheit von drei Vierteln der Stimmen der Mitglieder

Manchmal verlangt das Gesetz auch die **Mehrheit von drei Vierteln** der Stimmen der Mitglieder. Auch in diesem Fall wird die Mehrheit der Stimmen **seiner Mitglieder** verlangt, aber eine Mehrheit von drei Viertel. D.h. bei einem 7-köpfigen Betriebsrat müssen 6 Betriebsratsmitglieder für den Antrag stimmen.

Beispiel:
Dies ist z.B. in § 27 Abs. 1 BetrVG bei der Abwahl eines Ausschussmitglieds vorgesehen. Dieser Beschluss muss darüber hinaus in geheimer Abstimmung getroffen werden. Bei einem 9-köpfigen Betriebsrat ist die Dreiviertelmehrheit 7 Stimmen.

! **Merke: Bei besonderen Beschlüssen immer noch einmal in das Gesetz schauen, ob eine andere Mehrheit als die einfache Mehrheit gefordert ist.**

2. Aussetzen von Beschlüssen

Antrag auf Aussetzung eines Beschlusses

Auf Antrag der JAV oder der SBV muss ein Beschluss ausgesetzt werden, wenn sie den Beschluss als eine **erhebliche Beeinträchtigung** der Belange der von ihr vertretenen Jugendlichen und Auszubildenden bzw. schwerbehinderten Menschen erachtet. Das bedeutet, dass der Betriebsrat den getätigten Beschluss für die Dauer von 1 Woche nicht umsetzen darf. Während dieser Zeit soll eine Verständigung herbeigeführt werden, eventuell auch mit Hilfe der Gewerkschaft. Nach der Woche muss erneut über die Angelegenheit ein Beschluss gefasst werden. Wird der erste Beschluss bestätigt, kann er vom Betriebsrat umgesetzt werden.

Hinweis:
Es ist nicht erforderlich, dass eine objektive Beeinträchtigung von Belangen der Jugendlichen und Auszubildenden vorliegt, vielmehr genügt es, dass die Mehrheit der JAV wichtige Interessen beeinträchtigt sieht.

Wird der Beschluss nicht bestätigt, sondern wesentlich verändert, können die JAV oder die SBV einen neuen **Aussetzungsantrag** stellen. Kommt es lediglich zu einer minimalen Veränderung, soll kein neuer Antrag mehr gestellt werden können.

IV. Protokoll

Inhalt des Protokolls

Der Betriebsrat muss über jede Sitzung Protokoll führen. Das Protokoll muss mindestens den Wortlaut der Beschlüsse enthalten und es muss klar sein, wer an der Sitzung teilgenommen hat. Über Verhandlungen des Betriebsrats mit dem Arbeitgeber muss kein Protokoll geführt werden, es ist aber zweckmäßig Stichpunkte zu notieren, um zumindest den Verhandlungsstand festzuhalten.
Auch über Sitzungen des Betriebsausschusses oder anderer Ausschüsse ist ein Protokoll zu fertigen, wenn in diesen Sitzungen Beschlüsse gefasst werden. Es ist aber grundsätzlich empfehlenswert, dass für alle Sitzungen ein Protokoll gefertigt wird. Dadurch wird der Informationsfluss zwischen dem Betriebsrat und den Ausschüssen gewährleistet. Wie dies zu geschehen hat, ist in § 34 BetrVG geregelt.

Merke: Die Begriffe Protokoll und Niederschrift sind austauschbar. !

1. Schriftführer/Protokollführer

Schriftführer und Schreibkraft

Wer das **Protokoll** führt, ist im Gesetz nicht geregelt. Üblicherweise wird aus den Reihen der Betriebsratsmitglieder ein Schriftführer bestimmt. Damit die Arbeit nicht immer an einer Person hängen bleibt, kann auch in jeder Betriebsratssitzung ein anderes Mitglied die Protokollführung übernehmen. Zweckmäßig ist es aber, dies im Voraus zu klären, damit nicht bei jeder Sitzung viel Zeit verloren geht, um jemanden zu finden, der diese Aufgabe übernimmt.
In größeren Betriebsräten kann auch die Hinzuziehung einer Schreibkraft zur Unterstützung des Betriebsrats in Betracht kommen. Bei der Bestimmung der Schreibkraft steht dem Betriebsrat – ebenso wie bei der Zurverfügungstellung von Büropersonal – ein Mitspracherecht zu.

> **Hinweis:**
> Auch Schreibkräfte sind zur Geheimhaltung verpflichtet, soweit sie aufgrund ihrer Arbeit Kenntnisse von Betriebs- oder Geschäftsgeheimnissen erhalten.

2. Mindestanforderung an das Protokoll

Mindestanforderung

Das Protokoll muss mindestens den Wortlaut der Beschlüsse und das Abstimmungsergebnis wiedergeben. Im Gesetz ist nicht geregelt, dass das Protokoll unmittelbar in der Sitzung erstellt werden muss. Daher ist es auch zulässig, das Protokoll anhand von Notizen zu fertigen. Tonbandaufzeichnungen sind nur dann zulässig, wenn alle Betriebsratsmitglieder der Aufzeichnung ausdrücklich zustimmen. Es ist aber nicht empfehlenswert, da Betriebsratsmitglieder durch Tonbandaufzeichnungen in ihrer Meinungsäußerung gehemmt sein könnten. Grundsätzlich sollte das Protokoll direkt am Ende der Sitzung fertiggestellt werden. Dabei ist z. B. ein Laptop hilfreich. Der Protokollführer kann die Beschlüsse des Betriebsrats direkt eintippen. Hierbei empfiehlt es sich, die Tagesordnung als Basis zu verwenden. Der Tagesordnungspunkt ist dann schon aufgeführt und muss nur noch durch den Beschluss und eventuell einige Besonderheiten ergänzt werden. Für das Abstimmungsergebnis kann man sogar Textbausteine vorbereitet haben, z. B. »einstimmig beschlossen«.

3. Formalien

Muster eines Protokolls auf Seite 80

Das Protokoll muss von dem Vorsitzenden und einem weiteren Mitglied des Betriebsrats unterschrieben werden. Dies übernimmt meistens der Schriftführer. Ist der Vorsitzende verhindert, muss der stellvertretende Vorsitzende unterschreiben.

4. Anwesenheitsliste

Muster einer Anwesenheitsliste auf Seite 81

Die **Anwesenheitsliste** ist Bestandteil des Protokolls. Mit ihr wird durch eigenhändige Unterschrift bewiesen, dass die Betriebsratsmitglieder an der Sitzung teilgenommen haben. Haben die Betriebsratsmitglieder nur

teilweise teilgenommen, sollte dies im Protokoll und der Anwesenheitsliste vermerkt werden. Nehmen Gäste, der Arbeitgeber oder die SBV und die JAV an der Sitzung teil, müssen diese sich ebenfalls auf der Anwesenheitsliste eintragen.
Nehmen Betriebsratsmitglieder mittels **Video- und Telefonkonferenz** an der Sitzung teil, müssen sie ihre Teilnahme gegenüber dem Vorsitzenden in Textform bestätigen. Die Erklärung zur Anwesenheit muss zu Beginn der Sitzung vorliegen.

Muster der Teilnahme Bestätigung an einer Video- und Telefonkonferenz auf Seite 82

Begriffserklärung:
Textform bedeutet, dass die Erklärung nicht unterschrieben sein muss, sondern lediglich den Namen des teilnehmenden Betriebsratsmitglieds enthalten muss.

Das bedeutet, dass eine per E-Mail übersandte Erklärung genügt, aus der sich der Name des Betriebsratsmitglieds ergibt. Diese Erklärung ist dann dem Protokoll beizufügen.

5. Aushändigung von Teilen des Protokolls an den Arbeitgeber oder Gewerkschaftssekretär

Nimmt der Arbeitgeber an der Sitzung teil, muss er eine Kopie des Protokolls für den Teil erhalten, an dem er teilgenommen hat.

Der Arbeitgeber hat keinen Anspruch auf das gesamte Protokoll.

!

Hinweis:
Beschließt der Betriebsrat während einer Betriebsratssitzung den Abschluss einer Betriebsvereinbarung, hat der Arbeitgeber das Recht einen Auszug aus dem Protokoll der Betriebsratssitzung zu verlangen. Auch der Arbeitgeber, der sich auf eine Betriebsvereinbarung beruft, muss nachweisen, dass diese durch eine ordnungsgemäße Beschlussfassung des Betriebsrats zustande gekommen ist.[16] Dies geschieht durch den Protokollauszug.
Auch dem Betriebsrat ist zu empfehlen, eine Kopie des entsprechenden Protokolls der Betriebsratssitzung mit der Betriebsvereinbarung zusammen abzulegen, da auch der Betriebsrat vor Gericht im Fall des Bestreitens der ordnungsgemäßen Beschlussfassung nachweisen muss, dass der Unter-

16 BAG 8. 2. 2022 – 1 AZR 233/21.

schrift der Vorsitzenden ein entsprechender Betriebsratsbeschluss zugrunde liegt.

Der Gewerkschaftssekretär hat Anspruch auf den Teil des Protokolls, während dem er an der Sitzung teilgenommen hat.

6. Einsichtnahme in das Protokoll durch die Betriebsratsmitglieder

Unterlagen des Betriebsrats

Nach § 34 Abs. 3 BetrVG hat jedes Betriebsratsmitglied Anspruch, in die Protokolle des Betriebsrat Einsicht zu nehmen. Dies gilt für alle Unterlagen des Betriebsrats. Ob alle Mitglieder Anspruch auf eine **Kopie** haben, ist umstritten. Das Gesetz schweigt zu dieser Frage. Deshalb ist es empfehlenswert, einen für alle Betriebsratsmitglieder gangbaren Weg zu finden. Auf der einen Seite soll die **Vertraulichkeit des Protokolls** gewährleistet werden. Wenn die Betriebsratsmitglieder am Arbeitsplatz keine Möglichkeit haben, das Protokoll wegzuschließen, kann dies problematisch sein. Auf der anderen Seite müssen alle Betriebsratsmitglieder die Möglichkeit haben, einzelne Punkte im Protokoll nachzulesen. In den meisten Fällen wird es genügen, wenn die einzelnen Betriebsratsmitglieder Zugang zu den Unterlagen des Betriebsrats haben. Näheres bei der Arbeitsorganisation des Betriebsrats auf Seite 61 ff.
Das Einsichtsrecht besteht auch in Protokolle und Unterlagen von Ausschüssen nach den §§ 27 und 28 BetrVG und der gemeinsamen Ausschüsse nach § 28 Abs. 2 BetrVG. Gleiches gilt für Protokolle und Unterlagen des Wirtschaftsausschusses und gemäß § 28a BetrVG gebildeten Arbeitsgruppen. Dadurch soll sichergestellt werden, dass jedes Betriebsratsmitglied jederzeit über die Tätigkeit des Gremiums den Überblick behält.

V. Vertretung des Betriebsrats nach außen

Die Beschlüsse des Betriebsrats, z. B. der Widerspruch zu einer beabsichtigten Kündigung, werden erst wirksam, wenn sie dem Arbeitgeber zugegangen sind. Hierfür ist grundsätzlich der **Betriebsratsvorsitzende** zuständig. Das gleiche gilt, wenn der Arbeitgeber gegenüber dem Betriebsrat eine Erklärung abgeben will, z. B. die Anhörung zu einer Kündigung. Diese muss er gegenüber dem Vorsitzenden erklären. **Vorsitzender**

Hinweis:
Andere Betriebsratsmitglieder sind hierfür grundsätzlich nicht zuständig und haben das Recht, die Entgegennahme von Erklärungen oder Schriftstücken zu verweigern, wenn der Vorsitzende nicht verhindert ist.

Beispiel:
Nimmt ein Betriebsratsmitglied z. B. einen Antrag auf Zustimmung zu einer Kündigung an, obwohl der Vorsitzende und sein Stellvertreter nicht verhindert sind, ist das Betriebsratsmitglied ein sogenannter Empfangsbote.[17] Dann geht der Antrag dem Betriebsrat erst zu, wenn er dem Vorsitzenden oder dem Gremium zur Kenntnis gebracht wird.

Wenn der Vorsitzende verhindert ist, nimmt der **stellvertretende Vorsitzende** die Aufgaben wahr, aber auch nur dann. Er ist kein zweiter Vorsitzender.[18] Daher ist Vorsicht geboten, **wer** Briefe an den Arbeitgeber unterzeichnet, wenn durch diese Schreiben Fristen eingehalten werden müssen. **Stellvertretender Vorsitzender**

Es ist keine ordnungsgemäße Erklärung des Betriebsrats, wenn der stellvertretende Vorsitzende Erklärungen abgibt, obwohl der Vorsitzende nicht verhindert ist. **!**

17 Wedde in BetrVG Kommentar, Däubler/Klebe/Wedde (Hrsg.), § 26 Rn. 27.
18 BAG 7.7.2011 – 6 AZR 248/10.

Weitere Vertretungsregelung

Wenn der Vorsitzende und der stellvertretende Vorsitzende verhindert sind, hat der Arbeitgeber das Recht, einen Antrag jedem Betriebsratsmitglied zu übergeben. Mit der Übergabe ist der Antrag zugegangen. Der Betriebsrat hat aber auch die Möglichkeit, eine weitergehende **Vertretungsregelung** festzulegen und diese dem Arbeitgeber mitzuteilen. Diese Vertretungsregelung kann von Fall zu Fall entschieden werden, oder in einer grundsätzlichen Regel für alle Vertretungsfälle. Die Vertretungsregel kann auch Teil der Geschäftsordnung sein. Sie sollte dem Arbeitgeber unbedingt schriftlich mitgeteilt werden.

> **Hinweis:**
> Es ist sinnvoll, eine Vertretungsregelung für den Fall zu treffen, dass Vorsitzender und stellvertretender Vorsitzender nicht anwesend sind. Die Vertretungsregel gilt aber immer nur dann, wenn der Vorsitzende und der stellvertretende Vorsitzende **tatsächlich** verhindert sind und der Arbeitgeber Kenntnis von der Vertretungsregelung hat. Bei der tatsächlichen Verhinderung kann es sich um einen Fall der Verhinderung handeln, der unter Ziffer II. 5. b. erklärt ist. Ein Fall der tatsächlichen Verhinderung liegt aber auch vor, wenn der Vorsitzende und/oder der stellvertretende Vorsitzende einen Termin außerhalb des Betriebs wahrzunehmen haben, z.B. bei der Gewerkschaft oder bei dem Rechtsanwalt des Betriebsrats.

Rechte und Pflichten des Vorsitzenden

Bei der Beschlussfassung hat der **Vorsitzende** aber keine weitergehenden Rechte als die anderen Betriebsratsmitglieder. Vielmehr hat er die Pflicht, die Beschlüsse des Betriebsrats auch dann umzusetzen, wenn er von ihnen nicht überzeugt ist. Andererseits hat der Vorsitzende allein durch seine Aufgaben eine **herausgehobene Stellung**. Dazu zählen:

- Einladung zu den Sitzungen des Betriebsrats,
- Festsetzung der Tagesordnung,
- Leitung der Sitzungen des Betriebsrats,
- Leitung der Verhandlungen mit dem Arbeitgeber.
- In Betriebsräten mit weniger als neun Mitgliedern: Führung der **laufenden Geschäfte** des Betriebsrats, falls ihm diese durch Beschluss übertragen wurden,
- Unterzeichnung des Protokolls (§ 34 Abs. 1 BetrVG),
- Leitung der Betriebsversammlung (§ 42 Abs. 1 BetrVG).
- In Betrieben mit neun oder mehr Mitgliedern ist er kraft seines Amtes Mitglied im Betriebsausschuss (§ 27 Abs. 3 BetrVG).

In vielen kleineren Betriebsräten laufen zunächst einmal alle Informationen beim Vorsitzenden oder dem Stellvertreter zusammen. Der Vorsitzende hat dann die Aufgabe, das Gremium zu informieren. Wünschenswert wäre es, wenn alle Betriebsratsmitglieder möglichst auf dem gleichen Wissensstand sind. Dazu gehört natürlich auch die **Mitarbeit des Gremiums**.

VI. Der Betriebsausschuss/weitere Ausschüsse

Betriebsausschuss

In Betrieben mit neun oder mehr Mitgliedern ist zwingend ein **Betriebsausschuss** zu bilden (§ 27 Abs. 1 BetrVG). Dem Betriebsausschuss gehören zwingend der Vorsitzende und der stellvertretende Vorsitzende des Betriebsrats an. Darüber hinaus bei Betriebsräten mit

- 9 bis 15 Mitgliedern aus drei weiteren Ausschussmitgliedern,
- 17 bis 23 Mitgliedern aus fünf weiteren Ausschussmitgliedern,
- 25 bis 35 Mitgliedern aus sieben weiteren Ausschussmitgliedern,
- 37 oder mehr Mitgliedern aus 9 weiteren Ausschussmitgliedern.

Der Betriebsrat handelt pflichtwidrig, wenn er keinen Betriebsausschuss bildet. Maßgebend für die Größe des Betriebsrats sind die tatsächlich gewählten ordentlichen Betriebsratsmitglieder. Sinkt die Zahl während der Dauer der Amtszeit, hat dies keine Auswirkungen auf die Größe des Ausschusses.

Näheres zur Verhältnis- und Mehrheitswahl auf Seite 25ff.

Die Wahl des Ausschusses erfolgt durch den Betriebsrat in einer seiner Sitzungen in **geheimer** Wahl nach den Grundsätzen der Verhältniswahl. Nur dann, wenn es nur einen Wahlvorschlag gibt, darf die Wahl als Mehrheitswahl durchgeführt werden.

> **Begriffserklärung:**
> In geheimer Wahl bedeutet, dass ein förmliches Verfahren stattfinden muss, in dem Stimmzettel zu fertigen sind und dann geheim abgestimmt wird.

> **Hinweis:**
> Die Stimmzettel müssen nicht gedruckt vorliegen, sie dürfen auch handschriftlich gefertigt werden. Wichtig ist nur, dass sich nicht feststellen lässt, wie die einzelnen Betriebsratsmitglieder abgestimmt haben.

Wählbar sind nur ordentliche Betriebsratsmitglieder und keine Ersatzmitglieder des Betriebsrats, auch dann nicht, wenn sie vorübergehend nachgerückt sind.

Hinweis:
Bei der Aufstellung von Listen für die Wahl des Betriebsausschusses können sich neue Koalitionen bilden. Die Betriebsratsmitglieder sind nicht auf die Listen für die Betriebsratswahl beschränkt.

Die Wahl von **Ersatzmitgliedern** in den Betriebsausschuss ist im Gesetz nicht direkt vorgesehen. Mit Ersatzmitgliedern sind die ordentlichen Betriebsratsmitglieder gemeint, die ein Mitglied des Betriebsausschusses in dessen Abwesenheit vertreten sollen. Die Wahl ist aber zweckmäßig und zulässig. Letztendlich kann jedes weitere ordentliche Betriebsratsmitglied, welches nicht in den Ausschuss gewählt wurde, als Ersatzmitglied gewählt werden. Ersatzmitglieder

Hinweis:
Es dürfen nur ordentliche Betriebsratsmitglieder als Ersatzmitglieder in den Betriebsausschuss gewählt werden. Ersatzmitglieder dürfen nur ausnahmsweise in den Ausschuss gewählt werden, wenn sie längerfristig ein ordentliches Betriebsratsmitglied vertreten, z. B. während der Elternzeit.[19]

Der Betriebsausschuss kann sich nicht selbst ergänzen. Nachrücker oder Ersatzmitglieder können nur durch den Betriebsrat gewählt werden. !

Die **Wahl des Ausschusses** erfolgt für die Amtszeit des Betriebsrats und endet dann automatisch. Die Ausschussmitglieder können aber abberufen werden. Dafür ist das Thema auf die Tagesordnung zu setzen. Sind die weiteren Ausschussmitglieder nach den Grundsätzen der Verhältniswahl gewählt, so erfolgt die **Abberufung** durch geheime Abstimmung und bedarf einer Mehrheit von drei Vierteln der Mitglieder des Betriebsrats (qualifizierte Mehrheit). Abberufung des Ausschusses

Hinweis:
Der Betriebsausschuss selbst darf keine Mitglieder abberufen. Das darf nur der Betriebsrat. Der Vorsitzende und der stellvertretende Vorsitzende können nicht abberufen werden, da sie zwingend im Betriebsausschuss sind.

Kraft Gesetzes (§ 27 Abs. 2 BetrVG) führt der Betriebsausschuss die laufenden Geschäfte des Betriebsrats. Durch diese Regelung soll für größere Betriebsräte eine funktionsfähige Arbeitsweise ermöglicht werden.

19 Wedde in BetrVG Kommentar, Däubler/Klebe/Wedde (Hrsg.), § 27 Rn. 6.

Laufende Geschäfte

Begriffserklärung:
Was unter »**laufender Geschäftsführung**« zu verstehen ist, regelt das Gesetz nicht. Unter den Begriff werden interne organisatorische Aufgaben gefasst, die sich regelmäßig wiederholen. Er hat im Wesentlichen die Aufgaben zu erledigen, für die keine Beschlussfassung erforderlich ist.

Zur laufenden Geschäftsführung können z. B. folgende Aufgaben gehören:

- Vorbereitung von Betriebsratsbeschlüssen,
- Vorbereitung von Betriebsratssitzungen,
- Einholen von Informationen,
- Beschaffung von Unterlagen,
- Entgegennahme von Anträgen und Beschwerden,
- Erstellen von Betriebsvereinbarungsentwürfen

Vertretung nach außen

Die **Vertretung nach außen** steht allerdings nur dem Betriebsratsvorsitzenden und bei seiner Verhinderung dem stellvertretenden Vorsitzenden zu. Widersprüche zu Kündigungen können zwar vom Betriebsausschuss vorbereitet und nach entsprechendem Beschluss des Betriebsrats formuliert werden. Sie müssen aber vom Betriebsratsvorsitzenden unterzeichnet werden, da nur dieser den Betriebsrat nach außen vertritt.

Aufgaben zur selbständigen Erledigung

Der Betriebsrat hat die Möglichkeit, dem Betriebsausschuss Aufgaben zur selbständigen Erledigung zu übertragen. Dies ist nur mit der Mehrheit der Mitglieder des Betriebsrats möglich.

Beispiel:
Bei einem 9-köpfigen Betriebsrat müssten 5 Mitglieder für die Beauftragung sein.

Die Übertragung bedarf der Schriftform (§ 27 Abs. 2 Satz 3 BetrVG).

Hinweis:
Für die Einhaltung der Schriftform genügt es, wenn der Beschluss des Betriebsrats im Protokoll ordnungsgemäß dokumentiert ist und das Protokoll vom Betriebsratsvorsitzenden und einem weiteren Betriebsratsmitglied unterzeichnet wurde.

! **Es muss jederzeit möglich sein, die ordnungsgemäße Beauftragung nachzuweisen.**

Fehlt die erforderliche Mehrheit oder wurde die Schriftform nicht eingehalten, sind sämtliche Beschlüsse des Betriebsausschusses, unwirksam. Nicht erforderlich ist es, dem Arbeitgeber den Beschluss mitzuteilen. Im Rahmen einer guten Zusammenarbeit mit dem Arbeitgeber sollte dies jedoch unverzüglich erfolgen.
Der Betriebsrat hat die Möglichkeit genau festzulegen, in welchen Grenzen der Betriebsausschuss arbeiten darf.

Beispiel:
Er kann festlegen, dass nur einstimmig gefasste Beschlüsse des Ausschusses gelten sollen und wenn es keine Einstimmigkeit gibt, eine Entscheidung des gesamten Gremiums herbeigeführt werden muss.

Unübertragbare Aufgaben des Betriebsrats

Unzulässig ist es, dem Betriebsausschuss folgende Aufgaben zu übertragen:

- den Abschluss von Betriebsvereinbarungen,
- die Anrufung der Einigungsstelle,
- die Zustimmungserteilung zur außerordentlichen Kündigung von Betriebsratsmitgliedern,
- die Wahl des Vorsitzenden, des stellvertretenden Betriebsratsvorsitzenden und der weiteren Ausschussmitglieder,
- die Wahl der Mitglieder des Wirtschaftsausschusses und die Übertragung von Aufgaben auf weitere Ausschüsse.

Diese Entscheidungen darf nur der Betriebsrat selbst treffen. !

Für den Betriebsausschuss gelten die Vorschriften der §§ 29ff. BetrVG entsprechend. Beschlüsse des Ausschusses müssen in Sitzungen gefasst werden. Ein Beschluss im Umlaufverfahren ist nicht zulässig. Gewerkschaftsvertreter oder der Arbeitgeber können an den Sitzungen des Betriebsausschusses teilnehmen. Die Regelungen für die Teilnahme an Betriebsratssitzungen gelten auch für den Betriebsausschuss.

Hinweis:
In Betriebsräten mit weniger als neun Mitgliedern kann kein Betriebsausschuss gebildet werden. Hier kann der Betriebsrat die Führung der laufenden Geschäfte auf den Vorsitzenden oder andere Betriebsratsmitglieder übertragen (§ 27 Abs. 3 BetrVG). Mitbestimmungsrechte können in diesen Betrieben aber immer nur von dem gesamten Gremium wahrgenommen werden und nicht von Ausschüssen oder Einzelpersonen. Dies gilt auch in

Betrieben mit mehr als 100 Arbeitnehmern, die nach § 28 BetrVG weitere Ausschüsse bilden können.

VII. Delegation an den Gesamtbetriebsrat

Wenn es im Unternehmen einen Gesamtbetriebsrat gibt, hat der Betriebsrat die Möglichkeit Angelegenheiten an den Gesamtbetriebsrat zu delegieren.

> **Begriffserklärung:**
> Ein Gesamtbetriebsrat wird errichtet, wenn es in einem Unternehmen mehr als einen Betriebsrat gibt. Die örtlichen Betriebsräte entsenden Mitglieder in den Gesamtbetriebsrat. Diese Mitglieder haben jeweils so viele Stimmen, wie wahlberechtigte Arbeitnehmer in dem Betrieb vorhanden sind.

Der Betriebsrat kann mit der Mehrheit seiner Mitglieder den Gesamtbetriebsrat beauftragen, eine Angelegenheit für ihn zu erledigen.

Hier ist eine qualifizierte Mehrheit erforderlich! !

> **Beispiel:**
> Der Betriebsrat kann etwa beschließen die Verhandlungen und den Abschluss eines Sozialplans zu delegieren. Sind Verhandlungen und Abschluss delegiert, muss der Gesamtbetriebsrat vor Abschluss des Sozialplans den Betriebsrat nicht mehr fragen, ob er so – wie verhandelt – abschließen darf. Der Betriebsrat hat aber auch die Möglichkeit, nur die Verhandlungen zu delegieren und kann sich seine Entscheidungsbefugnis für den Abschluss vorbehalten.

Vorsicht: Die Delegation an den Gesamtbetriebsrat muss schriftlich erfolgen. Es gilt also zwei Formalien einzuhalten, die qualifizierte Mehrheit für den Betriebsratsbeschluss und die Delegation an den GBR in Schriftform. Auch hier empfiehlt es sich, ein Protokoll über die ordnungsgemäße Beschlussfassung und schriftliche Delegation zusammen mit der Gesamtbetriebsvereinbarung aufzubewahren.

VIII. Geschäftsordnung

Form

Der Betriebsrat kann sich nach § 36 BetrVG eine Geschäftsordnung geben. Diese bedarf der Schriftform und muss mit der Mehrheit der Stimmen der Mitglieder des Betriebsrats gefasst werden. Ob dies sinnvoll ist, muss sich der Betriebsrat sehr genau überlegen. Vieles ist schon im Gesetz enthalten.

Gesetz:
§ 36 BetrVG als Rechtsgrundlage hierfür bestimmt, dass in einer solchen schriftlichen Geschäftsordnung des Betriebsrats, die mit der (qualifizierten) Mehrheit der Betriebsratsmitglieder zu beschließen ist, *»sonstige Bestimmungen über die Geschäftsführung getroffen werden«*.

Begriffserklärung:
Mit »sonstigen Bestimmungen über die Geschäftsführung« sind jedoch nur formale Verfahrensregelungen zur Ordnung der internen Betriebsratsarbeit, der technischen Festlegung von Verfahrensabläufen, gemeint.

Hinweise:
- Der Rahmen ist durch die zwingenden gesetzlichen Bestimmungen der §§ 26ff. BetrVG festgelegt. Diese können durch die Geschäftsordnung des Betriebsrats nicht geändert werden.
- In der Geschäftsordnung dürfen die gesetzlichen Vorschriften nur näher ausgestaltet und ergänzt werden. Es dürfen keine zusätzlichen Pflichten oder Aufgaben begründet werden.[20]

Zulässige Regelungen

Zulässig geregelt werden kann:
- wie die Einberufung der Sitzung zu erfolgen hat,
- Ladungsfristen,
- Form von Ladungen,

20 BAG 16.11.2005 – 7 ABR 11/05.

- Mitteilung der Tagesordnung,
- Termine/Rhythmus der Betriebsratssitzungen,
- deren Ablauf und Protokollierung,
- Ordnung in den Sitzungen,
- die Bekanntmachung von Beschlüssen,
- das Abstimmungsverfahren (Reihenfolge der Stimmabgabe, schriftliche oder mündliche Stimmabgabe, offene oder geheime Abstimmung, Feststellung des Abstimmungsergebnisses),
- Vertretungsregelung, wenn der Vorsitzenden und der stellvertretende Vorsitzende verhindert sind.[21]

Unzulässige Regelungen

Unzulässig ist es:
- in einer Geschäftsordnung festzulegen, dass sich Betriebsratsmitglieder nicht der Stimme enthalten dürfen,[22] oder
- ein Verbot, dass Betriebsratsmitglieder während einer Betriebsratssitzung mitschreiben.[23]

Hinweis:
Durch die Geschäftsordnung können die gesetzlichen Regelungen nur konkretisiert oder ergänzt werden, allerdings bindet sich der Betriebsrat an die geschaffene Geschäftsordnung.

Telefon- und Videokonferenz regeln

Will der Betriebsrat Sitzungen auch als Video- und Telefonkonferenzen durchführen, muss er sich eine **Geschäftsordnung** geben. Dies ist Voraussetzung, um eine Betriebsratssitzung als Video- und Telefonkonferenz durchzuführen. Dabei muss der Grundsatz des Vorrangs der Präsenzsitzung beachtet werden. Dieser muss sich in der Geschäftsordnung wiederfinden.

Fehlt eine Regelung in der Geschäftsordnung, sind nur Präsenzsitzungen zulässig. **!**

Hinweis:
Hat der Betriebsrat in seiner Geschäftsordnung festgelegt, dass Video- und Telefonkonferenzen zulässig sind, ist der Arbeitgeber verpflichtet, allen Betriebsratsmitgliedern die Teilnahme an solchen virtuellen Sitzungen zu

21 LAG Frankfurt 29. 3. 2007 – 9 TaBVGa 68/07.
22 LAG München 28. 5. 2015 – 4 TaBV 4/15.
23 LAG Hamm 14. 8. 2009 – 10 TaBV 175/08.

ermöglichen. Der Betriebsrat kann also die notwendige Ausstattung mit einem Tablet oder Notebook für jedes Betriebsratsmitglied verlangen.[24]

Der Vorrang der Präsenzsitzung lässt sich z. B. durch eine zahlenmäßige Begrenzung dieser Sitzungen erreichen und/oder indem Video- oder Telefonkonferenzen nur für bestimmte Themen erlaubt sind, bei denen eine schnelle Reaktion des Betriebsrats notwendig ist.

Hinweis:
Der unmittelbare Austausch der Betriebsratsmitglieder und die Sichtbarkeit von individuellen Reaktionen ist ein wichtiger Motor für die Betriebsratsarbeit und sollte unbedingt erhalten bleiben.

Muster für eine Geschäftsordnung auf Seite 83 ff.

In der Geschäftsordnung kann auch festgelegt werden, in welcher Form Video- oder Telefonkonferenzen durchgeführt werden. Die Möglichkeiten sind vielfältig. Sie kann als reine Videokonferenz durchgeführt werden oder als Video- und/oder Telefonkonferenz. Oder aber mit persönlicher Anwesenheit Teile des Betriebsrats in einem Sitzungsraum, und Zuschaltung weiterer Betriebsräte über Video, Audio oder Telefon.

---

24 LAG München 7. 12. 2023 – 2 TaBV 31/23; LAG Köln 24. 6. 2022 – 9 TaBV 52/21; LAG Hessen 14. 3. 2022 – 16 TaBV 143/21.

IX. Kosten und Sachaufwand des Betriebsrats

Nach § 40 Abs. 1 BetrVG trägt der Arbeitgeber die durch die Tätigkeit des Betriebsrats und der Betriebsratsmitglieder entstehenden Kosten. Dies sind insbesondere die Kosten der laufenden Geschäftsführung wie Papier, Porto und Telefongebühren. **Erforderliche Kosten**

Darüber hinaus hat der Arbeitgeber für die Sitzungen, die Sprechstunden und die laufende Geschäftsführung im erforderlichen Umfang Räume, sachliche Mittel, Information- und Kommunikationstechnik sowie Büropersonal zur Verfügung zu stellen.

Welche **Aufwendungen** erforderlich sind, hängt von den Umständen des Einzelfalls, von der Größe des Betriebs und des Betriebsrats und der im Betrieb beschäftigten Arbeitnehmer ab. Zunächst hat der Betriebsrat eigenverantwortlich zu prüfen, welches Sachmittel er benötigt und in welchem Umfang er Räumlichkeiten für erforderlich hält. Zwischenzeitlich gibt es eine Vielzahl von Einzelentscheidungen zu einzelnen Kostenfaktoren.

Zu den vom Arbeitgeber zu tragenden **Kosten** können gehören:

- Ein dreiköpfiger Betriebsrat hat Anspruch auf einen Büroraum von mindestens 9 m^2. Dies kann auch ein Raum zur Mitbenutzung sein, z. B. der Pausenraum, wenn alle anderen Möglichkeiten, auch die Möglichkeit der Anmietung einer geeigneten Räumlichkeit unmöglich oder unzumutbar ist.[25] **Büroraum**
- Einen Anspruch auf einen eigenen Büroraum hat auch eine fünfköpfige JAV.[26]
- Der Arbeitgeber muss dem Betriebsrat eine Büroausstattung zur Verfügung stellen. Art und Umfang der Ausstattung richten sich nach dem im Betrieb Üblichen.[27] Zu einer ordnungsgemäßen Büroausstattung **Sachmittel**

25 LAG München 8.7.2005 – 3 TaBV 79/03.
26 LAG Schleswig-Holstein 31.5.2017 – 1 TaBV 48/16.
27 LAG Rheinland-Pfalz 2.2.1996 – 3 TaBV 3/95.

gehören: ein oder mehrere abschließbare Schränke, ein Regal, ein Schreibtisch mit Stühlen, Schreibmaterial, Stempel, Aktenordner usw.
- Auch die Zeitschrift »Arbeitsrecht im Betrieb« gehört zu den erforderlichen Sachmitteln, und zwar auch dann, wenn dem Betriebsrat ein Internetzugang zur Verfügung steht, die dortigen Informationen jedoch unstrukturiert sind.[28]
- Gesetzestexte, Kommentare, Literatur: Einem 9-köpfigen Betriebsrat wurde pro Betriebsratsmitglied eine Sammlung der Arbeitsgesetze »Kittner, Arbeits- und Sozialordnung« und die Bestellung eines Arbeitsrechthandbuchs »Schaub« für das Gremium zugesprochen.[29]
- Die Überlassung eines oder mehrerer PCs nebst Zubehör ist in aller Regel erforderlich.[30] Darüber hinaus kann ein Anspruch auf einen Laptop trotz stationären Computers bestehen.[31]

Telekommunikation
- Anspruch auf Telefon: Telefonische Kontaktaufnahme muss mit jedem Betriebsratsmitglied möglich sein.[32]
- Anspruch auf ein Telefax, wenn ihm die Mitbenutzung des Telefax des Arbeitgebers nicht zumutbar oder möglich ist.[33]
- Der Betriebsrat hat einen Anspruch auf Einrichtung eines Internetzugangs[34]; aber nicht auf Einrichtung eines eigenen, von der Telefonanlage des Arbeitgebers unabhängigen Telefonanschluss.[35]
- Anspruch auf die Einrichtung einer E-Mail-Adresse für den Betriebsrat[36] mit Internetzugang.

Ein Laptop oder Tablet für die Teilnahme steht jedem Betriebsratsmitglied zu, wenn der Betriebsrat Sitzungen mittels Videokonferenz in der Geschäftsordnung beschlossen hat.[37]

Bürokräfte
- Betriebsräte haben einen Anspruch auf Büropersonal. Der Betriebsrat ist nicht verpflichtet, sämtliche Bürotätigkeiten selbst zu erledigen. Er muss bei seiner Entscheidung die Interessen der Belegschaft an einer ordnungsgemäßen Ausübung des Betriebsratsamts und die berechtig-

---

28 BAG 19.3.2014 – 7 ABN 91/13.
29 LAG Bremen 3.5.1996 – 4 TaBV 46/95.
30 BAG 16.5.2007 – 7 ABR 45/06.
31 LAG Köln 13.12.2011 – 11 TaBV 59/11.
32 BAG 27.11.2002 – 7 ABR 33/01.
33 BAG 15.11.2000 – 7 ABR 9/99; LAG 14.5.1997 – 3 TaBV 2/97.
34 BAG 17.2.2010 – 7 ABR 81/09.
35 BAG 20.4.2016 – 7 ABR 50/14.
36 BAG 14.7.2010 – 7 ABR 80/08.
37 LAG München 7.12.2023 – 2 TaBV 31/23; LAG Köln 24.6.2022 – 9 TaBV 52/21; LAG Hessen 14.3.2022 – 16 TaBV 143/21.

ten Interessen des Arbeitgebers an Kostenbegrenzung berücksichtigen.[38]

- Bei der Auswahl der Bürokräfte muss der Arbeitgeber auf die, durch konkrete Anhaltspunkte gestützten, Empfindungen des Betriebsrats Rücksicht nehmen.[39]

Beispiel:
Der Arbeitgeber bietet dem Betriebsrat an, dass die Sekretärin des Geschäftsführers die Schreibarbeiten des Betriebsrats miterledigen kann. Der Betriebsrat hat die Befürchtung, dass die Sekretärin vertrauliche Angelegenheiten des Betriebsrats an den Arbeitgeber weiterleitet. Der konkrete Anhaltspunkt für den Betriebsrat ist das besondere Vertrauensverhältnis zwischen Geschäftsführer und Sekretärin.

Reisekosten

- Zu den vom Arbeitgeber zu tragenden Kosten zählen auch Reisekosten, nebst notwendigen Kosten für angemessene Unterkunft und Verpflegung.

Schulungskosten

- Auch Schulungskosten sind vom Arbeitgeber zu tragen, die Einzelheiten sind in § 37 Abs. 6 und 7 BetrVG geregelt.

Sachverständige und Rechtsanwälte

- Vom Arbeitgeber zu tragen sind die Kosten
  - eines Rechtsanwalts für das Führen von Rechtsstreitigkeiten,[40]
  - für die Vertretung bei Interessenausgleichs- und Sozialplanverhandlungen.[41]

Beim Hinzuziehen von **Sachverständigen** ist § 80 Abs. 3 BetrVG zu beachten. Danach muss zunächst eine Einigung über die Hinzuziehung mit dem Arbeitgeber herbeigeführt werden.

Einigungsstelle

Die Kosten der **Einigungsstelle** trägt nach § 76a BetrVG der Arbeitgeber.

Hinweis:
Der Betriebsrat sollte vor der Bestellung von Sachmitteln mit dem Arbeitgeber klären, ob er die Sachmittel selbst bestellt oder ob der Arbeitgeber dies übernimmt. Bei Streitigkeiten hat der Betriebsrat die Möglichkeit, seinen Anspruch in einem gerichtlichen Verfahren durchzusetzen.

---

38 BAG 20.4.2005 – 7 ABR 14/04.
39 BAG 5.3.1997 – 7 ABR 3/96.
40 BAG 18.3.2015 – 7 ABR 4/13.
41 BAG 14.12.2016 – 7 ABR 8/15.

Hinweis:
Noch nicht geklärt ist die Frage, ob auch das einzelne Betriebsratsmitglied – unabhängig von einem Betriebsratsbeschluss – einen Anspruch auf Sachmittel hat. Es gibt hierzu unterschiedliche LAG-Entscheidungen.[42] Das BAG wird die Frage voraussichtlich im Juni 2026 beantworten.

42 LAG Hamm 28.1.2025, 7 TaBV 35/24; LAG Niedersachsen 25.4.2025 – 17 TaBV 62/24.

X. Organisation der Betriebsratsarbeit

1. Bestandsaufnahme

Bestandsaufnahme

Soweit im Betrieb bisher schon ein **Betriebsrat existiert** hat, sollten sich die neugewählten Betriebsratsmitglieder zunächst mit der Arbeitsweise des Gremiums vertraut machen. Dazu empfiehlt sich eine Bestandsaufnahme. Die »alten Hasen« können dabei helfen, indem sie für die neugewählten Betriebsratsmitglieder folgende Informationen bereithalten:

- Die alte Geschäftsordnung mit Hinweisen, was lief gut, was lief schlecht.
- Falls keine Geschäftsordnung vorhanden ist: Wie war die Betriebsratsarbeit bisher organisiert, welche Ausschüsse gab es, wie oft hat der Betriebsrat getagt, wie kommen die Mitglieder an Informationen usw.?
- Gab es regelmäßige Sprechstunden?
- Gibt es Absprachen, wie sich die Betriebsratsmitglieder bei den Vorgesetzten zur Aufnahme von Betriebsratsarbeit abmelden?
- Die im Betrieb geltenden Regelungen wie z. B. Tarifverträge, Betriebsvereinbarungen, Reisekostenrichtlinien.
- Hat der Betriebsrat regelmäßig Zeitschriften bestellt?
- Welche Literatur ist im Betriebsrat vorhanden, wie kann man darauf Zugriff nehmen?
- Mit welchen laufenden Projekten/Themen hat sich der Betriebsrat befasst?

!

Werden die neugewählten Betriebsratsmitglieder nicht informiert, müssen sie sich entsprechend erkundigen. Nur wenn sie diese Kenntnisse haben, können sie sich effektiv in die Betriebsratsarbeit einbringen.

2. Erstmals gewählter Betriebsrat

Erstmals gewählter Betriebsrat

Gab es bisher **keinen Betriebsrat**, so muss sich der neugewählte Betriebsrat zunächst informieren, wie er die Betriebsratsarbeit aufnehmen kann. Hierzu ist es unbedingt erforderlich, dass wirksame Beschlüsse gefasst werden können. Die Kenntnisse dieser Broschüre ist hilfreich, eine entsprechende Schulung aber unbedingt erforderlich.

Oftmals fängt es noch viel früher an, nämlich mit der Frage, wo die Sitzungen des Betriebsrats stattfinden. Hat der Betriebsrat einen eigenen Raum, in dem er Betriebsratsarbeit machen kann? Hat er einen Raum, wo er seine Sitzungen abhalten kann? Im Gesetz selbst findet sich hierzu wenig Konkretes, inzwischen gibt es aber eine umfassende Rechtsprechung zu dem Thema. Im weitesten Sinne geht es häufig um die Frage der Freistellung von der beruflichen Tätigkeit unter Fortzahlung der Vergütung, über den Umfang der Freistellung und um die Kosten der Betriebsratsarbeit. Dies wird in den folgenden Punkten näher erläutert.

Für die Sitzungen, die Sprechstunden und die laufende Geschäftsführung des Betriebsrats hat der Arbeitgeber in erforderlichem Umfang Räume, sachliche Mittel, Informations- und Kommunikationstechnik sowie Büropersonal zur Verfügung zu stellen. Zu den Einzelheiten siehe Kapitel IX. auf Seite 57ff.

3. Arbeitsplanung des Betriebsrats

Aufgaben des Betriebsrats

Bei der Arbeitsplanung ist zu unterscheiden zwischen:

- Routinetätigkeiten,
- aktuellen Aufgaben, die kurzfristiges Handeln notwendig machen und
- langfristigen Aufgaben bzw. Projekten des Betriebsrats

Zu den **Routineaufgaben** gehören:

Routineaufgaben

- Einladung zu den regelmäßigen Betriebsratssitzungen
- Festlegung der einzuladenden Betriebsratsmitglieder
- Festlegen der Tagesordnung
- Eingangspost bearbeiten und sortieren
- Ablage und Wiedervorlage bearbeiten

Zu den **aktuellen, wichtigen Aufgaben** gehören:

Aktuelle, wichtige Aufgaben

- Bearbeitung von Fristen wie z. B. Stellungnahmen zu Einstellungen oder Versetzungen,
- Widerspruch zu Kündigungen

- Vorbereiten von Verhandlungen mit dem Arbeitgeber, die schon terminiert sind
- Vorbereitung von Betriebsversammlungen

Zu den **wichtigen Aufgaben** und **langfristigen Projekten** gehören:

Wichtige Aufgaben und langfristige Projekte

- Entwurf einer Betriebsvereinbarung zur Regelung der Arbeitszeit
- Maßnahmen des Gesundheitsschutzes
- Aufstellung allgemeiner Urlaubsgrundsätze

Bei einer **Bestandsaufnahme** sollten zunächst einmal alle Themen gesammelt werden. Dabei ist es sinnvoll, jeden einzelnen Punkt schriftlich auf dem Flipchart oder auf Metaplankarten festzuhalten. Soweit diese Hilfsmittel - noch nicht - vorhanden sind, geht es auch auf einem Stück DIN A4 Papier. Wichtig ist es, alle Punkte schriftlich festzuhalten, damit nichts verloren geht.

> **Hinweis:**
> Hierbei ist darauf zu achten, dass die einzelnen Punkte getrennt nach Routineaufgaben, aktuellen, wichtigen Aufgaben und langfristigen Projekten festgehalten werden.

Um einen Überblick über die Aufgaben/Pläne zu behalten, kann man mit **To-Do Listen** arbeiten. Diese sollten nach den obengenannten Kriterien getrennt werden. Am besten sollte besprochen werden, wer die jeweiligen Aufgaben übernimmt.

To-Do-Liste auf Seite 89f.

Wichtig ist eine Kontrolle, ob die entsprechenden Punkte auch abgearbeitet wurden.

!

> **Beispiel:**
> Bei langfristigen Projekten, wie der Erarbeitung einer Betriebsvereinbarung zur Arbeitszeit, sollte z.B. auf der Tagesordnung auch immer wieder ein Punkt aufgenommen werden: »Bericht aus der Arbeitsgruppe Arbeitszeitfragen«

4. Postkorb für alle Betriebsratsmitglieder

Postkorb

Hilfreich kann es auch sein, für jedes Betriebsratsmitglied einen **Postkorb** einzurichten, damit alle Betriebsratsmitglieder über jeden wichtigen Punkt informiert werden können.

Dabei kann man auch ein System entwickeln, wonach zum Beispiel Zeitschriften nach und nach allen Betriebsratsmitgliedern zur Information in ihren Postkorb gelegt werden. Das funktioniert aber nur, wenn der erste Leser innerhalb kurzer Zeit die Zeitschrift weitergibt. Das erfordert viel Disziplin.

Tipp:
Bei Zeitschriften kann man auch vereinbaren, dass sie nur im Betriebsratszimmer gelesen werden, damit jeder, der sich gerade die Zeit nehmen kann oder will, Zugriff auf die Zeitungen hat.

5. Ablagesystem

Ablage aller Unterlagen

Wichtig für die Arbeit im Betriebsrat ist es, dass man alle **Unterlagen**, wie z. B. Protokolle der Betriebsratssitzungen, Schreiben an den Arbeitgeber oder Betriebsvereinbarungen, jederzeit finden kann.

! **Ein funktionierendes Ablagesystem ist unabdingbar.**

Zunächst einmal sollte es auf jeden Fall einen Ordner geben, in dem alle geltenden **Betriebsvereinbarungen** abgeheftet sind. Es kommt oft vor, dass beim Wechsel von Betriebsratsmitgliedern den amtierenden Betriebsräten gar nicht bekannt ist, welche Betriebsvereinbarungen in ihrem Betrieb existieren.
In einem weiteren Ordner müssen sämtliche **Protokolle** nebst Einladung, Tagesordnung und Anwesenheitsliste gesammelt werden. Bei der Frage, ob z. B. ein wirksamer Beschluss für den Abschluss einer Betriebsvereinbarung vorgelegen hat, ist es wichtig, dass man die Protokolle wieder auffindet. Dies ist von Bedeutung, wenn seitens des Arbeitgebers die wirksame Beschlussfassung angezweifelt wird.

Tipp:
Bei Betriebsvereinbarungen, die oft Jahrzehnte gelten, empfiehlt es sich, eine Kopie des Protokolls zusammen mit der Betriebsvereinbarung aufzuheben. Gleiches gilt, wenn Fristen laufen und der Betriebsrat zum Beispiel nachweisen muss, dass er innerhalb der gesetzlichen Frist einer Kündigung widersprochen hat. Bedeutung hat dies meistens in Gerichtsverfahren.

In einem weiteren Ordner oder eigenem **Ablagesystem** sollten zum Beispiel Zustimmungsverweigerungen des Betriebsrates zu Einstellungen gesammelt werden. Hier muss auch ein wirksames Kontrollsystem eingerichtet werden, damit der Betriebsrat überprüfen kann, ob der Arbeitgeber wegen der Zustimmungsverweigerung des Betriebsrates zu einer Einstellung das arbeitsgerichtliche Beschlussverfahren eingeleitet hat.

Tipp:
In diesem konkreten Fall empfiehlt sich das **Anlegen einer Wiedervorlagemappe**, in der Fristsachen aufbewahrt und nach festgelegten Zeiten erneut geprüft werden können.

Beispiel:
Hat der Betriebsrat vom Arbeitgeber schriftlich verlangt, dass zu besetzende Stellen im Betrieb auszuschreiben sind, muss er dieses Schreiben auch noch nach Jahren vorlegen können, um nachzuweisen, dass er dieses Verlangen einmal wirksam gestellt hat.

Überblick behalten

Je länger der Betriebsrat im Amt ist, desto umfangreicher werden die Unterlagen sein, die er zu verwalten hat. Wichtig ist es, dass nie der Überblick verloren geht und dass eine **Kontinuität** bei der Ablage beibehalten wird. Auf ein einmal eingeführtes System muss man sich verlassen können. Außerdem muss sich der Betriebsrat ein Löschkonzept überlegen, das sowohl papierhafte als auch elektronische Daten umfasst. Hier sind spezielle Schulungen hilfreich.

! **Jedes Betriebsratsmitglied sollte das System kennen und in der Lage sein, zum Beispiel das Protokoll einer bestimmten Betriebsratssitzung wiederzufinden.**

Auffindbar sollten auch sein:
- der Nachweis einer ordnungsgemäßen Beschlussfassung,
- die Einladung,
- die Tagesordnung,
- welche Betriebsratsmitglieder geladen wurden,
- falls Ersatzmitglieder geladen wurden, welche ordentlichen Betriebsratsmitglieder sie vertreten haben und warum,
- die Anwesenheitsliste

Klausurtagung

Die zu Beginn durchzuführende Bestandsaufnahme kann auch im Rahmen einer **Klausurtagung** des gesamten Betriebsrats am Anfang einer neuen Amtszeit durchgeführt werden. In dieser sollen sich die neuen Betriebsratsmitglieder nicht nur kennenlernen, sondern auch gemeinsam ihre Arbeitsschwerpunkte festsetzen.

Rechtsprechung:
Die Mitglieder des Betriebsrats haben jederzeit das Recht, die Unterlagen des Betriebsrats und seiner Ausschüsse einzusehen. Dies betrifft auch die E-Mail-Korrespondenz des Betriebsrats. Im Rahmen seines Rechts auf Selbstorganisation hat der Betriebsrat Lösungen zu finden, die das Recht der einzelnen Betriebsratsmitglieder gewährleisten. Der Arbeitgeber ist verpflichtet, dem Betriebsrat die Kommunikationstechnik zur Verfügung zu stellen.[43]

Hinweis:
Bei der Organisation ihrer Arbeit können Betriebsräte auch auf Software-Lösungen zurückgreifen. Es gibt spezielle Software-Angebote für Betriebsräte.[44] Es besteht jedoch auch die Möglichkeit die im Betrieb vorhandenen Tools zu verwenden. Bei allem gilt: Diese Tools müssen ausreichen geschützt sein, damit die Daten des Betriebsrats geschützt sind. Der Betriebsrat benötigt ein ausreichendes Datenschutzkonzept.

43 LAG Chemnitz 22: 5. 2025 – 4 TaBV 18/24.
44 Z. B. BRdigital, BRbase, BR-Planer.

XI. Arbeitsteilung im Betriebsrat

Ideal wäre es, wenn alle Betriebsratsmitglieder im gleichen Maße mitarbeiten würden. Dies funktioniert jedoch meist nicht. Trotzdem ist es sinnvoll, die Arbeit auf so viele Schultern wie möglich zu verteilen.

Keine Ämterhäufung

Dies setzt voraus, dass innerhalb des Betriebsrats ein **Vertrauensverhältnis** besteht, das gewährleistet, dass Arbeiten, die jemand übernommen hat, auch erledigt werden. Oftmals ist es sinnvoll, wenn zum Beispiel Vorsitz und Freistellung nach § 38 BetrVG nicht in einer Person vereint sind.

> **Hinweis:**
> Nicht selten wird der Fehler gemacht, dass sich zu viel auf eine Person konzentriert. Das kann zu einer Überlastung einzelner Betriebsratsmitglieder führen. Auch hat der Arbeitgeber so die Gelegenheit, sich auf eine Person einzuschießen.

Vielmehr ist es sinnvoll, dass sich Vorsitz und Freistellung ergänzen. Z. B.: zu Gesprächen mit dem Arbeitgeber gemeinsam gehen, wobei die freigestellten Betriebsräte natürlich mehr Zeit haben, Gespräche vorzubereiten und Daten und Fakten zusammenzutragen.

Wissensstand im Betriebsrat

Wichtig ist es, dass die einzelnen Betriebsratsmitglieder sich in die Arbeit einbringen können. Dies funktioniert jedoch nur, wenn alle auf demselben Wissensstand sind. Grundsätzlich sollten alle Betriebsratsmitglieder mindestens die Grundlagenseminare besuchen. Dazu gehören mindestens Grundkenntnisse des kollektiven Arbeitsrechts (BetrVG) und Grundlagen des Individualarbeitsrechts. Auch ist es wichtig, dass der Betriebsrat Kenntnisse der neuesten Rechtsprechung hat. Durch den zunehmenden Einfluss der europäischen Regelungen und europäischer Rechtsprechung auf das deutsche Arbeitsrecht, ist dieses einem ständigen Wandel unterworfen. Letztendlich ist der **Informationstransfer** ein wesentliches Instrument, um eine sinnvolle Arbeitsteilung im Betriebsrat zu gewährleisten.

Berücksichtigung der Stärken und Schwächen

Dabei sollten **Stärken** und **Schwächen** der Betriebsratsmitglieder berücksichtigt werden. Danach sollte – wenn möglich – die Arbeit im Betriebsrat verteilt werden. Zunächst ist zu ermitteln, welche Betriebsratsmitglieder welche Kenntnisse und Fähigkeiten mitbringen und welche noch fehlen. Dies muss bei der Weiterbildung im Betriebsrat berücksichtigt werden. Bei Spezialthemen sollten immer mindestens zwei Betriebsratsmitglieder Schulungen zu dem Thema besuchen, um dann ein gemeinsames Vorgehen im Betriebsrat vorschlagen zu können. Wenn bestimmte Betriebsratsmitglieder sich eines Themas annehmen, sollte es eine gewisse Personenkontinuität geben, damit effektiv gearbeitet werden kann. Ideal wäre es, wenn sich alle Betriebsratsmitglieder an der Arbeit beteiligen.

Beispiele:
Hat ein Betriebsratsmitglied ein Faible für den Gesundheitsschutz, sollte er natürlich auf diesem Gebiet tätig sein. Andere haben wiederum ihre Stärken im Bereich Arbeitszeit. Dann sollten sie zum Beispiel im Arbeitszeitausschuss eingesetzt werden.

Leider wird es nicht nur nach Neigung gehen. Die einzelnen Betriebsratsmitglieder werden immer wieder damit konfrontiert werden, dass sie sich in neue Bereiche einarbeiten müssen.
Um allen Betriebsratsmitgliedern die Möglichkeit einzuräumen, sich mit den eigenen Fähigkeiten an der Betriebsratsarbeit zu beteiligen, sollte im Bereich der Arbeitsorganisation festgelegt werden:
- Welche Aufgaben stehen als Nächstes an?
- Wer übernimmt welche Aufgabe?
- Wieviel Zeit wird voraussichtlich dafür benötigt?

Anhang 1
Muster für die Einladung zur konstituierenden Sitzung des Betriebsrats

… *(Absender einfügen)*

Liebe Kolleginnen und Kollegen,

als Vorsitzende des Wahlvorstands lade ich Sie zur konstituierenden Sitzung des Betriebsrats ein. Diese findet statt

am: … *(Datum und Uhrzeit einfügen)*
im Raum: … *(Nummer, Bezeichnung einfügen)*

Ich schlage folgende Tagesordnung vor:
1. Eröffnung der Sitzung und Feststellung der Beschlussfähigkeit
2. Genehmigung der Tagesordnung
3. Wahl des Wahlleiters
4. Wahl des Betriebsratsvorsitzenden
5. Wahl des stellvertretenden Vorsitzenden
6. Wahl der Mitglieder des Betriebsausschusses

Im Falle der Verhinderung von einzelnen Betriebsratsmitgliedern bitte ich um unverzügliche Mitteilung an mich, damit ich die entsprechenden Ersatzmitglieder laden kann.

… *(Unterschrift einfügen)*

Anhang 2
Muster eines Schreibens an den Arbeitgeber wegen der Termine für die Sitzungen des Betriebsrats

… *(Absender einfügen)*

Sehr geehrter Herr … *(Name einfügen),*

der Betriebsrat hat in seiner Sitzung vom … *(Datum einfügen)* beschlossen, die regelmäßigen Sitzungen des Betriebsrats wöchentlich am … *(Wochentag einfügen)*, ab … *(Uhrzeit einfügen* durchzuführen. Die Sitzungen werden voraussichtlich um … *(voraussichtliches Ende einfügen)* enden. Sie können aber abhängig von den zu behandelnden Themen bei Bedarf auch länger dauern.

Bitte informieren Sie die Abteilungsleiter/Schichtleiter/etc. entsprechend und tragen Sie dafür Sorge, dass für die freizustellenden Betriebsratsmitglieder Ersatz in den Abteilungen vorhanden ist.

… *(Unterschrift einfügen)*

Anhang 3
Muster für die Information zu einer Sondersitzung

… *(Absender einfügen)*

Sehr geehrte Frau … *(Name einfügen)*,

Ich möchte Sie darüber informieren, dass der Betriebsrat am … *(Datum, Wochentag, Uhrzeit einfügen)* eine zusätzliche Betriebsratssitzung durchführen wird. Die Sitzung wird voraussichtlich um … *(voraussichtliches Ende einfügen)* enden. Sie kann aber abhängig von den zu behandelnden Themen bei Bedarf auch länger dauern.

(Wenn nötig einfügen):
Zu der Sitzung sind folgende Ersatzmitglieder eingeladen: …
(Namen einfügen)

Bitte informieren Sie die Abteilungsleiter/Schichtleiter/etc. entsprechend und tragen Sie dafür Sorge, dass es zu keinen Problemen mit der Freistellung der Betriebsratsmitglieder von der Arbeitsleistung kommt.

… *(Unterschrift einfügen)*

Anhang 4
Checkliste für die ordnungsgemäße Einladung zur Betriebsratssitzung

- Einladung an alle ordentlichen Mitglieder und im Falle der Verhinderung Einladung von Ersatzmitgliedern
- Grund der Verhinderung dokumentieren
- SBV und JAV einladen
- Gewerkschaftssekretär einladen
- Überlegen, ob weitere Teilnehmer erforderlich sind
- Ggf. Termin mit weiteren Teilnehmern vorher abstimmen
- Ort, Datum und Uhrzeit der Betriebsratssitzung in Einladung einfügen
- Tagesordnung erstellen und mit der Einladung übersenden
- Einladung vom Betriebsratsvorsitzenden unterschreiben lassen

Anhang 5
Muster für den Nachweis der ordnungsgemäßen Einladung zur Betriebsratssitzung

Einladung zur Betriebsratssitzung für einen 9-köpfigen Betriebsrat
Einladung zur Betriebsratssitzung am … *(Datum einfügen)*

Nr.	Liste	Ordentliche Betriebsratsmitglieder	Geladen	Grund des Fehlens/ Bemerkung
1	1	Sonja Schneider	Ja	
2	1	Fritz Kuhn	Ja	
3	2	Khalid Ötzdemir	Nein	Urlaub
4	3	Paolo Rodrigez	Ja	
5	1	Swen Messer	Ja	
6	1	Janine Werkowski	Nein	Krank
7	2	Magdalena Jellinek	Ja	
8	1	Roger Federer	Ja	
9	1	Anna Lotz	Ja	
SBV		Martin Schmidt	Nein	Krank
JAV		Tanja Müller	Ja	
Gäste		Herbert Berger Gewerkschaft	ja	
		Ersatzmitglieder		
	2	Jens Pfeifer	Ja	Für Khalid Ötzdemir
	1	Julia Kwasniewski	Ja	Für Janine Werkowski
SBV		Bettina Kranz	Ja	Martin Schmidt

Anhang 6
Muster einer Tagesordnung

Tagesordnung zur Sitzung am … *(Datum einfügen)*

TOP 1: Feststellung der Beschlussfähigkeit

TOP 2: Genehmigung des Protokolls der Sitzung vom … (letzte Sitzung)

TOP 3: Ergänzungswünsche zur Tagesordnung (nur mit einstimmigem Beschluss der anwesenden und beschlussfähigen Mitglieder möglich)

TOP 4: Personelle Einzelmaßnahmen

- Beabsichtigte ordentliche Kündigung von Maria Mutz
- Einstellung von … *(Name einfügen)*
- Weiter personelle Einzelmaßnahmen liegen bis jetzt nicht vor, können aber bis zur Sitzung noch eingereicht werden.

Alle Unterlagen können vor der Sitzung im Betriebsratsbüro eingesehen werden.

TOP 5: Bericht über den Stand der Verhandlungen zur Betriebsvereinbarung Arbeitszeit und Beschlussfassung über das weitere Vorgehen

TOP 6: Fehlende Bereitschaft des Arbeitgebers über die Durchführung einer Gefährdungsbeurteilung zu beraten. Vorschlag zur Beschlussfassung: Der Betriebsrat beschließt die Verhandlungen für gescheitert zu erklären und die Einigungsstelle anzurufen. Er schlägt 3 Beisitzer von jeder Seite vor und den Vorsitzenden … *(Name einfügen)*

TOP 7: Berichte der Betriebsratsmitglieder aus den Abteilungen

Mit freundlichen Grüßen
… *(Name einfügen)*
Betriebsratsvorsitzender

Anhang 7
Muster einer Einladung der Schwerbehindertenvertretung

… *(Absender einfügen)*

Liebe Kollegin/lieber Kollege,

als Vertretung der schwerbehinderten Menschen im Betrieb lade ich Sie/Dich hiermit zu den Sitzungen des Betriebsrats ein. Wir haben Sie/Dich in den Einladungsverteiler aufgenommen. Sie/Du erhalten/erhältst damit alle Einladungen sowie Tagesordnungen zu den Betriebsratssitzungen und zu den Sitzungen des Betriebsausschusses automatisch.

Der Betriebsrat hat beschlossen, regelmäßige wöchentliche Sitzungen jeweils … *(Datum, Wochentag, Uhrzeit einfügen)* im Raum … *(Nummer/Bezeichnung einfügen)* durchzuführen. Zu diesen Sitzungen schicken wir keine gesonderte Einladung, sondern vorab nur die jeweilige Tagesordnung sowie die notwendigen Sitzungsunterlagen. Ich bitte darum, diese regelmäßigen Termine einzutragen. Nur bei Sondersitzungen werden wir eine zusätzliche Einladung verschicken.

Über Ihre/Deine Teilnahme freuen wir uns.

… *(Unterschrift einfügen)*

Anhang 8
Muster eines Widerspruchs gegen die Einladung zu einer Sitzung als Video- und Telefonkonferenz

An die
Vorsitzende des Betriebsrats … *(Name einfügen)*
Im Hause

Widerspruch gegen die Durchführung der Betriebsratssitzung am … *(Datum einfügen)* **als Video- und Telefonkonferenz**

Liebe Kollegin … *(Name einfügen),*

in der Einladung vom … *(Datum einfügen)* zur Betriebsratssitzung am … *(Datum einfügen)* wurde darauf hingewiesen, dass die Sitzung als Video- und Telefonkonferenz durchgeführt werden soll. Dieser Form der Sitzungsdurchführung widersprechen wir gemäß § 30 Abs. 2 Nr. 2 BetrVG. Die unterzeichnenden Betriebsratsmitglieder stellen ein Viertel der Mitglieder des Betriebsrats dar. Deshalb muss die Sitzung als Präsenzsitzung stattfinden. Wir bitten darum, die anderen Betriebsratsmitglieder entsprechend zu informieren.

Mit freundlichen Grüßen
…
(Unterschrift der Mitglieder, die widersprechen wollen, einfügen)

Anhang 9
Checklisten für immer wiederkehrende Beschlüsse des Betriebsrats mit Musterschreiben

I. Anhörung des Betriebsrats zu Kündigungen nach § 102 BetrVG

- Eingang der Anhörung festhalten und Fristablauf berechnen
- Genügt Termin für nächste Betriebsratssitzung oder ist zusätzliche Sitzung notwendig?
- Auf Tagesordnung setzen
- Einladung des Betroffenen prüfen
- Welche Widerspruchsmöglichkeiten nach § 102 BetrVG gibt es, welche passen?
- Beschlussfassung durch Abstimmung

Beschlussmuster:

»Der Betriebsrat beschießt, der Kündigung des … *(Name des Beschäftigten einfügen)* gem. § 102 Abs. 2 BetrVG zu widersprechen. Der Betriebsratsvorsitzende wird beauftragt, einen entsprechenden Widerspruch zu formulieren.«

Abstimmungsergebnis: …

oder

»Der Betriebsrat beschließt, der Kündigung des … *(Name des Beschäftigten einfügen)* zu widersprechen, weil die Kündigung gegen die im Betrieb bestehende Auswahlrichtlinie verstößt und außerdem eine Weiterbeschäftigung auf dem zu besetzenden Arbeitsplatz in der Abteilung … *(Bezeichnung einfügen)* möglich wäre.«

Abstimmungsergebnis: …

> **Beachte:**
> Der Betriebsrat kann die Formulierung des Widerspruchs dem Vorsitzenden überlassen. Dennoch ist es natürlich sinnvoll, die Gründe für den Widerspruch im Gremium zu diskutieren.

II. Anhörung zu personellen Maßnahmen nach § 99 BetrVG

- Eingang der Anhörung festhalten und Fristablauf berechnen
- Genügt Termin für nächste Betriebsratssitzung oder ist zusätzliche Sitzung notwendig?
- Auf Tagesordnung setzen
- Sind Informationen vollständig? Eventuell Informationen anfordern
- Ggf. Betroffene anhören
- Ist Zustimmungsverweigerung gewollt?
- Welche Zustimmungsverweigerungsgründe gibt es?
- Beschlussfassung durch Abstimmung

Beschlussmuster:

»Der Betriebsrat beschließt, die Zustimmung zur Einstellung von … *(Name des Beschäftigten einfügen)* zu verweigern. Der Betriebsratsvorsitzende wird beauftragt, eine entsprechende Zustimmungsverweigerung zu formulieren.«

Abstimmungsergebnis: …

oder

»Der Betriebsrat beschließt, der Einstellung nicht zuzustimmen, weil die erforderliche Ausschreibung im Betrieb unterblieben ist.«

Abstimmungsergebnis: …

III. Ausübung von Mitbestimmungsrechten

- Bestehendes Problem beschreiben
- Überprüfen, nach welcher Rechtsgrundlage ein Mitbestimmungsrecht besteht
- Diskussion im Betriebsrat
- Forderungen aufstellen (ggf. Gewerkschaft und Rechtsbeistand hinzuziehen)
- Beschluss über Forderungen auf Abschluss einer Betriebsvereinbarung
- Ggf. Entwurf einer Betriebsvereinbarung oder Forderungskatalog an Arbeitgeber schicken
- Verhandlungstermine mit allen Beteiligten vereinbaren (Arbeitgeber, Betriebsrat, Gewerkschaft, Rechtsbeistand, Sachverständige)
- Wenn Verhandlungen erfolglos, Verhandlungen für gescheitert erklären und Einigungsstelle anrufen

Beschlussmuster:

»Der Betriebsrat erklärt die Verhandlungen über den Abschluss einer Betriebsvereinbarung zum Thema … *(Thema einfügen)* für gescheitert und beschließt die Einigungsstelle anzurufen. Als Vorsitzenden schlägt er … *(Name einfügen)* vor sowie … *(Name/n einfügen)* Beisitzer von jeder Seite.«

Abstimmungsergebnis: …

Anhang 10
Muster eines Protokolls für einen 7-köpfigen Betriebsrat

Protokoll der Sitzung des Betriebsrats vom … *(Datum einfügen)*

Anwesend: Sonja Schneider, Fritz Kuhn, Paolo Rodriguez, Swen Messer, Madalena Jellinek, Roger Federer, Anna Lotz, Tanja Müller, Jens Pfeifer, Julia Kwaniewski, Tanja Müller
Gäste: Herbert Berger, Gewerkschaft

TOP 1: Feststellung der Beschlussfähigkeit
Der Betriebsrat ist beschlussfähig, da alle geladenen Betriebsratsmitglieder anwesend sind.

TOP 2: Genehmigung des Protokolls der Sitzung vom … *(Datum einfügen)* (letzte Sitzung)
Das Protokoll vom … *(Datum einfügen)* wird einstimmig genehmigt.

TOP 3: Ergänzungswünsche zur Tagesordnung
Der TOP 4 wird um die beabsichtigte Kündigung von Herbert Meyer ergänzt.
– Einstimmig beschlossen –

TOP 4: Personelle Einzelmaßnahmen

- Beabsichtigte ordentliche Kündigung von Maria Mutz
  Der Betriebsrat widerspricht der ordentlichen Kündigung, da keine ordnungsgemäße Sozialauswahl durchgeführt wurde.
  – mit 1 Enthaltung beschlossen –
- Einstellung von Silvia Schmidt
  Der Betriebsrat stimmt der Einstellung von Frau Schmidt zu
  Abstimmungsergebnis:
  5 Ja-Stimmen, 3 Nein-Stimmen, 1 Enthaltung
- Beabsichtigte Kündigung von Herbert Meyer
  Der Betriebsrat widerspricht der beabsichtigten ordentlichen Kündigung von Herbert Meyer
  – Einstimmig beschlossen –

usw.

Anhang 11
Muster einer Anwesenheitsliste

Nr.	Liste	Ordentliche Betriebs-ratsmitglieder	Unterschrift
1	1	Sonja Schneider	
2	1	Fritz Kuhn	
3	2	Jens Pfeifer	
4	3	Paolo Rodrigez	
5	1	Swen Messer	
6	1	Julia Kwasniewski	
7	2	Magdalena Jellinek	
8	1	Roger Federer	
9	1	Anna Lotz	
SBV		Bettina Kranz	
JAV		Tanja Müller	
Gäste		Herbert Berger Gewerkschaft	

Beachte:
Zusätzlich sind bei Video- und Telefonkonferenzen die Teilnahme-Bestätigungen der Betriebsratsmitglieder beizufügen, die per Video- und Telefon zugeschaltet waren.

Anhang 12
Muster der Teilnahme-Bestätigung an einer Video- und Telefonkonferenz

Betriebsratsmitglied … *(Name, Ort und Datum einfügen)*

An die Vorsitzende des Betriebsrats … *(Name einfügen)*

Bestätigung der Teilnahme an der Betriebsratssitzung am … *(Datum einfügen)* **per Video- oder Telefonkonferenz**

Liebe Kollegin … *(Name einfügen)*,

hiermit bestätige ich meine durchgängige Teilnahme / meine Teilnahme von … bis … *(Uhrzeit einfügen)* an der Betriebsratssitzung am… *(Datum einfügen)*. Es ist gewährleistet, dass Dritte vom Inhalt der Sitzung keine Kenntnis nehmen können.

Mit freundlichen Grüßen
…
(Name einfügen)

> **Beachte:**
> Die Textform genügt. Näheres zur Textform siehe Seite 43.

Anhang 13
Muster einer Geschäftsordnung

Geschäftsordnung des Betriebsrats der … *(Name des Betriebs einfügen)*

Gemäß § 36 BetrVG hat der Betriebsrat unter Beachtung der Bestimmungen des Betriebsverfassungsgesetzes (BetrVG) in seiner Sitzung am … *(Datum einfügen)* folgende Geschäftsordnung beschlossen:

§ 1 Konstituierende Sitzung

1. Der Betriebsrat wählt in seiner konstituierenden Sitzung aus seiner Mitte in einem ersten Wahlgang den Vorsitzenden, in einem zweiten den stellvertretenden Betriebsratsvorsitzenden und in einem weiteren Wahlgang einen Schriftführer und einen stellvertretenden Schriftführer.
2. Gewählt ist jeweils der Kandidat, auf den die meisten Stimmen entfallen. Bei Stimmengleichheit wird die einzelne Wahl wiederholt. Ergibt sich wiederum Stimmengleichheit, erfolgt zwischen den Kandidaten mit den jeweils meisten Stimmen ein Losentscheid. Gewählt ist dann der Kandidat, auf den das Los fällt.
3. Die Wahl erfolgt auf Antrag jeweils in geheimer Abstimmung.
4. Erklärt der Vorsitzende oder sein Stellvertreter seinen Rücktritt, bzw. scheiden diese aus dem Betriebsrat aus, so ist jeweils unverzüglich während der nächsten ordentlichen Betriebsratssitzung eine Neuwahl durchzuführen.
5. Zur Abgabe von Erklärungen für den Betriebsrat und Entgegennahme von Erklärungen und Informationen an den Betriebsrat von Seiten des Arbeitgebers oder von anderen Personen oder Stellen ist nur der Betriebsratsvorsitzende berechtigt.

§ 2 Vertretung des Betriebsrats nach außen

1. Der Vorsitzende des Betriebsrats oder im Falle seiner Verhinderung sein Stellvertreter vertreten den Betriebsrat im Rahmen der gefassten Beschlüsse. Zur Abgabe von Erklärungen für den Betriebsrat und Entgegennahme von Erklärungen und Informationen an den Betriebsrat von Seiten des Arbeitgebers oder von anderen Personen oder Stellen ist nur der Betriebsratsvorsitzende und im Fall seiner Verhinderung der stellvertretende Vorsitzende berechtigt. Werden entsprechende Erklärungen oder Informationen gegenüber anderen Betriebsratsmitgliedern gemacht, liegt

keine gesetzeskonforme Information des Betriebsrats vor. Im laufenden Geschäftsverkehr des Betriebsrats ist allein der Vorsitzende unterschriftsberechtigt, im Verhinderungsfalle sein Stellvertreter.
2. Sind der Vorsitzende und der stellvertretende Vorsitzende verhindert, erfolgt eine kommissarische Vertretung in der folgenden Reihenfolge:

Betriebsratsmitglied … *(Name einfügen)*
Betriebsratsmitglied … *(Name einfügen)*
usw.

§ 3 Betriebsausschuss
1. Der Betriebsrat bildet gemäß § 27 BetrVG einen Betriebsausschuss. Dieser besteht aus dem Vorsitzenden, seinem Stellvertreter und gemäß § 27 Abs. 1 Satz 2 BetrVG aus … *(Anzahl einfügen)* weiteren Ausschussmitgliedern.
2. Die weiteren Ausschussmitglieder werden vom Betriebsrat aus seiner Mitte in geheimer Wahl nach den in § 27 Abs. 1 Satz 2 BetrVG festgelegten Grundsätzen gewählt.
3. Der Betriebsausschuss führt die laufenden Geschäfte des Betriebsrats und wird dabei nur im Rahmen der ihm übertragenen Befugnisse tätig.
4. Der Vorsitzende beruft den Betriebsausschuss in angemessenen regelmäßigen Abständen bzw. je nach Erfordernis ein.
5. Für die Betriebsausschusssitzung gelten die Regelungen der §§ 4 bis 6 der Geschäftsordnung entsprechend.

§ 4 Weitere Ausschüsse
1. Der Betriebsrat richtet die folgenden Ausschüsse gemäß § 28 BetrVG ein:
   - Personalausschuss
   - Dienstplanausschuss

   Der Personalausschuss wird mit … *(Anzahl einfügen)* Betriebsratsmitgliedern besetzen. Der Dienstplanausschuss wird mit … *(Anzahl einfügen)* Betriebsratsmitgliedern besetzt.
2. Die Ausschüsse wählen in ihrer konstituierenden Sitzung aus ihrer Mitte einen Vorsitzenden und einen Stellvertreter.
3. Zu den Aufgaben der Ausschüsse gehört es, die in ihr Aufgabengebiet fallenden Angelegenheiten zu bearbeiten, zu untersuchen, vorzubereiten, Sitzungen einzuberufen und entsprechende Beschlüsse zu fassen. Soweit dem Ausschuss Aufgaben zur selbständigen Erledigung übertragen werden sollen, bedarf es eines entsprechenden Übertragungsbeschlusses. Die Übertragung von Aufgaben zur selbstständigen Erledigung bezieht sich nicht auf den Abschluss von Betriebsvereinbarungen. Dies fällt allein in die Zuständigkeit des Betriebsrats.
4. Für die weiteren Ausschüsse gelten die Regelungen der §§ 5 bis 7 der Geschäftsordnung entsprechend.

Beachte:
Einem Ausschuss können nur Aufgaben zur selbständigen Erledigung übertragen werden, wenn ein Betriebsausschuss nach § 27 BetrVG besteht.

§ 5 Betriebsratssitzung als Präsenzsitzung

1. Die Betriebsratssitzung findet grundsätzlich als Präsenzsitzung statt. Die Präsenzsitzung hat Vorrang und kann nur nach den in §§ 5 bis 6 der Geschäftsordnung festgelegten Regelungen als Video- oder Telefonkonferenz durchgeführt werden.
2. Die Einberufung der Betriebsratssitzungen erfolgt durch den Vorsitzenden. Dieser setzt auch die Tagesordnung fest.
3. Regelmäßige Betriebsratssitzungen finden wöchentlich jeweils am ... *(Wochentag einfügen)* statt. Die Sitzung beginnt um ... Uhr *(Uhrzeit einfügen)* und ist ganztägig geplant.
4. Die Mitglieder des Betriebsrats sind rechtzeitig zu den Sitzungen unter Mitteilung der Tagesordnung einzuladen.
5. Die Sitzungen des Betriebsrats sind nicht öffentlich.
6. Zu den Betriebsratssitzungen sind die Schwerbehindertenvertretung, der Vorsitzende der Jugend- und Auszubildendenvertretung und die Vertreter der im Betrieb vertretenen Gewerkschaften einzuladen.
7. Alle Sitzungsteilnehmer tragen sich eigenhändig in eine Anwesenheitsliste ein.

§ 6 Betriebsratssitzung mittels Video- oder Telefonkonferenz

1. Die Betriebsratssitzung findet als Video- oder Telefonkonferenz statt, wenn es aufgrund einer Rechtsvorschrift oder aus sachlichen Gründen nicht möglich ist, im Betrieb zu einer Präsenzsitzung zusammenzukommen. Videokonferenzen haben Vorrang vor Telefonkonferenzen.
   Zu den Sachgründen zählt etwa:

   der Gesundheitsschutz der Betriebsratsmitglieder, der die Durchführung der Betriebsratssitzung als Videokonferenz erfordert.

   Die Dauer der Anreisen zur Teilnahme an der Betriebsratssitzung stellt keinen Sachgrund für die Durchführung einer Video- oder Telefonkonferenz dar.
   Die Anzahl der Betriebsratssitzungen, die aus sachlichen Gründen ganz oder teilweise als Video- oder Telefonkonferenz durchgeführt werden, darf ... *(Anzahl einfügen)* Sitzungen im Quartal nicht übersteigen. Präsenzsitzungen müssen deutlich überwiegen (Verhältnis 2/3 Präsenz zu 1/3 virtuell). Betrachtungszeitraum ist das Kalenderjahr.
2. Über die Durchführung der Sitzung als Video- oder Telefonkonferenz entscheidet der Vorsitzende des Betriebsrats.

3. Die Sitzung kann nur dann in Form einer Video- oder Telefonkonferenz stattfinden, wenn alle einzuladenden Betriebsrats- und Ersatzmitglieder über die technischen Mittel einschließlich personalisierter E-Mail-Accounts des Arbeitgebers verfügen. Die technische Ausstattung sind Sachmittel nach § 40 BetrVG.
4. Für die Betriebsratssitzung mittels Video- oder Telefonkonferenz gelten die Regelungen des § 5 der Geschäftsordnung entsprechend. Der Vorsitzende des Betriebsrats weist in der Einladung auf die Art der Betriebsratssitzung sowie auf das Widerspruchsrecht und die gesetzte Frist zum Widerspruch hin. Zeitgleich hat er die Zugangsdaten mitzuteilen.
5. Widerspricht mindestens ein Viertel der Mitglieder des Betriebsrats fristgerecht der Durchführung der Sitzung als Video- oder Telefonkonferenz, muss diese als Präsenzsitzung durchgeführt werden. Der Widerspruch muss gegenüber der Vorsitzenden fristgerecht in Textform (z. B. per Mail) eingelegt werden.
6. Eine Aufzeichnung der Sitzung ist unzulässig.
7. Jedes einzuladende Betriebs- und Ersatzmitglied, das an einer Video- oder Telefonkonferenz teilnimmt, hat dafür Sorge zu tragen, dass kein unbefugter Dritter vom Inhalt der Sitzung Kenntnis erlangt.

§ 7 Betriebsratssitzung als Präsenssitzung unter Teilnahme einzelner Mitglieder mittels Video- oder Telefonkonferenz

1. Ausnahmsweise kann eine Präsenzsitzung mit der zusätzlichen Möglichkeit der Teilnahme einzelner Betriebsrats- oder Ersatzmitglieder mittels Video- oder Telefonkonferenz durchgeführt werden.
2. Eine solche Ausnahme liegt vor, wenn Betriebsratsmitgliedern das Aufsuchen des Sitzungsraums im Einzelfall nicht möglich ist oder wenn nicht planbare Umstände ihrer Teilnahme entgegenstehen. Über die ausnahmsweise Möglichkeit der Teilnahme im Wege der Zuschaltung per Video- oder Telefonkonferenz entscheidet der Betriebsratsvorsitzende.
3. Es gelten die Regelungen in § 6 der Geschäftsordnung entsprechend.

§ 8 Zusätzliche Betriebsratssitzungen

1. Der Vorsitzende kann zusätzliche Sitzungen des Betriebsrats jederzeit einberufen, wenn er dies aus besonderen Gründen für erforderlich hält.
2. Eine zusätzliche Sitzung ist unverzüglich einzuberufen, wenn mindestens ein Viertel der Betriebsratsmitglieder dies schriftlich unter Angabe des Beratungsgegenstands verlangt. Die Regelungen der §§ 5 bis 7 der Geschäftsordnung sind entsprechend zu beachten.

§ 9 Verhinderung von Betriebsratsmitgliedern

1. Ist ein Betriebsratsmitglied an der Sitzungsteilnahme gehindert, muss er dies unverzüglich dem Betriebsratsvorsitzenden mitteilen.

2. Sind Betriebsratsmitglieder verhindert, lädt der Betriebsratsvorsitzende das entsprechende Ersatzmitglied unverzüglich nach.

§ 10 Beschlussfähigkeit

1. Der Betriebsrat ist beschlussfähig, wenn mindestens die Hälfte seiner Mitglieder an der Beschlussfassung teilnimmt.
2. Die Vorsitzende stellt die Beschlussfähigkeit zu Beginn der Sitzung und gegebenenfalls erneut vor der jeweiligen Beschlussfassung fest. Feststellungen zur Beschlussfähigkeit werden im Protokoll vermerkt.
3. Die einzuladenden Betriebsrats- und Ersatzmitglieder, die an einer Betriebsratssitzung mittels Video- oder Telefonkonferenz teilnehmen, gelten als anwesend. Sie sind damit berechtigt, an Beschlussfassungen teilzunehmen. In diesem Fall haben diese ihre Anwesenheit gegenüber dem Vorsitzenden des Betriebsrats zu erklären. Für die im Sitzungsraum anwesenden Teilnehmer geschieht dies durch persönliche Eintragung in eine Anwesenheitsliste.
4. Die Anwesenheitsbestätigungen und die Anwesenheitsliste sind dem Protokoll beizufügen.

§ 11 Sitzungsablauf und Protokollierung

1. Über jede Sitzung des Betriebsrats ist gem. § 34 Abs. 1 BetrVG ein Protokoll anzufertigen.
2. Das Protokoll ist vom Vorsitzenden und dem Schriftführer zu unterzeichnen.

§ 12 Wirtschaftsausschuss

1. Gemäß § 106 BetrVG ist ein Wirtschaftsausschuss zu bilden. Dieser wird mit … *(Anzahl der Mitglieder einfügen)* Mitgliedern besetzt, die vom Betriebsrat gewählt werden. Es werden … *(Anzahl der Ersatzmitglieder einfügen)* Ersatzmitglieder gewählt, die entsprechend den Grundsätzen des § 25 BetrVG bei Verhinderung bzw. beim Ausscheiden von Ausschussmitgliedern nachrücken.
2. Für die Sitzungen und Zusammenkünfte des Wirtschaftsausschusses nach § 108 Abs. 1, 4 und 5 BetrVG gelten die Regelungen der § 5 bis 7 der Geschäftsordnung entsprechend.

§ 13 Inkrafttreten/Laufzeit

Diese Geschäftsordnung tritt am … *(Datum einfügen)* in Kraft und gilt für die Dauer der laufenden Amtsperiode. Für die Geltung über diesen Zeitraum hinaus muss die Geschäftsordnung in der nächsten Amtszeit erneut vom Betriebsrat verabschiedet werden.

… …
(Ort einfügen) *(Datum einfügen)*

…	…
(Unterschriften einfügen)	
Betriebsratsvorsitzende/	Stellvertretung
Betriebsratsvorsitzender	

Anhang 14
To-Do-Liste

Routineaufgaben:

Einladung zu den regelmäßigen Betriebsratssitzungen	Sonja Schneider und Jens Peifer	Im monatlichen Wechsel
Festlegen der Tagesordnung	Anna Lotz, Betriebsratsvorsitzende	
Eingangspost bearbeiten und sortieren	Anna Lotz, Sonja Schneider	Nach Absprache
Ablage bearbeiten	Sonja Schneider, Vertretung	

Aktuelle, wichtige Aufgaben:

Bearbeitung von Zustimmungsverweigerung zu Einstellungen oder Versetzungen		
	Vorbereitung im Betriebsausschuss bis zur nächsten Sitzung bzw. bis zur zusätzlichen Sitzung wegen Fristen	Entscheidung im Betriebsrat
Widerspruch zu Kündigungen		
	Vorbereitung im Betriebsausschuss bis zur nächsten Sitzung bzw. bis zur zusätzlichen Sitzung wegen Fristen	Entscheidung im Betriebsrat

Anhang 14

Vorbereiten der Verhandlungen mit dem Arbeitgeber zum Thema Betriebsvereinbarung Arbeitszeit	Betriebsausschuss	Zu erledigen bis …
Vorbereitung von Betriebsversammlungen	Termin klären mit Arbeitgeber und Gewerkschaftsvertreter	Anna Lotz – sollte frühzeitig abgestimmt werden
	Einladung Tagesordnung	
	Tätigkeitsbericht allgemein	Anna Lotz
	Bericht von den Verhandlungen zum Thema Arbeitszeit	Swen Messer
	Informationen zum betrieblichen Eingliederungsmanagement	Bettina Kranz
	Bericht von der Begehung der Berufsgenossenschaft	Roger Federer
	Bericht von der JAV	Tanja Müller
	Bericht von der Gewerkschaft Herbert Berger	Termin abklären und Infos was aktuell im Betrieb los ist – Paolo Rodrigez

Stichwortverzeichnis